BIBLIOTHÈQUE
DE L'ÉCOLE
DES HAUTES ÉTUDES

PUBLIÉE SOUS LES AUSPICES

DU MINISTÈRE DE L'INSTRUCTION PUBLIQUE

SCIENCES HISTORIQUES ET PHILOLOGIQUES

DEUX CENT TRENTE ET UNIÈME FASCICULE

CÉLÉBRATION DU CINQUANTENAIRE
DE L'ÉCOLE PRATIQUE DES HAUTES ÉTUDES

PARIS
LIBRAIRIE ANCIENNE HONORÉ CHAMPION
ÉDOUARD CHAMPION
5, QUAI MALAQUAIS (6ᵉ)

1922

CÉLÉBRATION

DU

CINQUANTENAIRE

DE

L'ÉCOLE DES HAUTES ÉTUDES

Ce fascicule a été publié entièrement aux frais de M. Édouárd
Champion, éditeur de la *Bibliothèque de l'École des Hautes Études*.

MACON, PROTAT FRÈRES, IMPRIMEURS

CÉLÉBRATION

DU

CINQUANTENAIRE

DE L'ÉCOLE PRATIQUE

DES HAUTES ÉTUDES

PARIS

LIBRAIRIE ANCIENNE HONORÉ CHAMPION

ÉDOUARD CHAMPION

5, QUAI MALAQUAIS (6e)

—

1922

Cet ouvrage forme le fascicule n° 231 de la Bibliothèque de l'École des Hautes Études.

CÉLÉBRATION

DU

CINQUANTENAIRE

DE

L'ÉCOLE DES HAUTES ÉTUDES

Le cinquantenaire de l'École pratique des Hautes Études (Section des sciences historiques et philologiques) a été célébré le jeudi 1ᵉʳ Décembre.

Dans l'Amphithéâtre Richelieu, décoré pour la circonstance, la solennité a été présidée par M. Alexandre Millerand, président de la République, assisté de M. Léon Bérard, ministre de l'Instruction publique et des Beaux-Arts, de M. César Caire, président du Conseil municipal de Paris, de M. Coville, directeur de l'Enseignement supérieur, de M. Appell, recteur de l'Université de Paris, de M. Maurice Croiset, administrateur du Collège de France, de M. Brunot, doyen de la Faculté des Lettres, de M. Larnaude, doyen de la Faculté de droit, de M. G. Lanson, directeur de l'École normale supérieure, de M. Maurice Prou, directeur de l'École des Chartes, de M. P. Boyer, directeur de l'École des Langues orientales vivantes, de M. l'abbé Rousselot, délégué de l'Institut catholique, etc.

Plusieurs de nos anciens élèves étaient venus des Universités de province, où ils enseignent : MM. A. Mazon et Perrot, de Strasbourg ; M. Georges Mathieu, de Nancy ; M. Ernout, de Lille ; MM. Dottin et Deprez, de Rennes ; M. Ramain, de Montpellier.

Un certain nombre d'Universités étrangères avaient envoyé des délégués. L'Université de Bruxelles était représentée par M. Léon Leclère, prorecteur, membre de l'Académie royale de Belgique ; celle de Gand avait délégué M. Alphonse Roersch ; de Liège est venu M. Charles Michel, correspondant de l'Institut de France ; de Louvain, M. Poullet, ancien ministre des Sciences et des Arts. M. Salverda de Grave représentait l'Université d'Amsterdam, M. Långfors, celle de Helsingfors.

La Suisse s'était empressée de répondre à notre appel. Les Universités de Bâle, Genève, Lausanne, Neuchâtel, Zurich avaient envoyé M. le recteur Senn, MM. Ernest Muret, Édouard Favre, Adrien Taverney, Piaget et Jéquier, Louis Gauchat.

Enfin pour représenter les Universités américaines, nous avions M. Paul Van Dyke, président de l'American University Union, et M. Milwitzky, ancien professeur à l'Université de Columbia.

Les Directeurs d'études de l'École, une foule de professeurs de l'Enseignement supérieur, des membres de l'Institut, MM. Bédier et Hanotaux, de l'Académie française, les élèves anciens ou nouveaux et les familles des élèves morts pour la France, remplissaient les 800 places de l'amphithéâtre.

Nous reproduisons les discours prononcés dans cette séance.

DISCOURS DE M. LOUIS HAVET

PRÉSIDENT DE LA SECTION

———

Monsieur le Président de la République,
Monsieur le Ministre,
Mesdames, Messieurs,

I

Notre cinquantenaire n'est pas un cinquantenaire exact. L'École pratique des hautes études date du décret du 31 juillet 1868. Ce jour-là, il y avait des combats au N.-E. de Fère-en-Tardenois. Le village de Seringes passait de main en main, et était finalement enlevé par une contre-attaque des Américains. Et ce jour-là, aucun d'entre nous n'a eu la présence d'esprit de supputer notre âge.

Tardive est cette fête, mais nous la célébrons joyeusement, en Français qui ont bonne conscience à l'égard du pays. Celui-ci, au temps de notre naissance, était près de tomber dans l'abaissement, tandis que l'univers le voit maintenant au faîte de sa gloire. Or celle des Sections de l'École qui est en fête aujourd'hui, celle qui travaille à élucider le passé de l'intelligence humaine, se flatte de n'avoir pas nui au relèvement moral. En poursuivant, parmi les diversités des nations et les vicissitudes des siècles, le développement du *roseau pensant*, nous avons toujours pris au sérieux le nom ambitieux des *hautes études*, qui par lui-même nous conseillait d'une part l'effort à longue échéance, d'autre part le calme des sommets et des profondeurs, l'impartialité olympienne, la confiance dans l'incorruptible vérité. Nous avons exercé nos élèves non seulement au labeur consciencieux, mais à la loyauté de la pensée, loyauté personnelle et loyauté nationale, étant persuadés que là est l'hygiène de l'âme studieuse, et qu'une érudition qui triche, fût-ce par patriotisme, est imprudente pour elle-même et pour la patrie. Aussi, dans des temps où la défaite et la mutilation de la France encourageaient les heureux à la calomnier, nous avons appris, par des témoignages émouvants du dehors, que notre activité ardente et irréprochable pouvait être un argument pour la défendre.

Notre Section historico-philologique (on verra comment) est en fait une École distincte. C'est une École sans analogues ; en France, et peut-être sur la planète Terre, c'est le seul établissement d'instruction publique consacré tout entier et exclusivement à l'érudition. Une jeune sœur nous est née après coup ; parmi les sciences historiques et philologiques, celles qui concernent le passé des religions ont été inscrites dans une Section à part. Mes jeunes collègues pourront s'associer à la célébration de son cinquantenaire en 1936.

L'École fondée par le décret de 1868 formait quatre sections similaires et symétriques, *Mathématiques*, *Physique et chimie*, *Histoire naturelle et physiologie*, et enfin *Sciences* — oui, *Sciences* — *historiques et philologiques*. Le mot *sciences*, par hasard, ne figure pas dans les trois premiers titres. Il fait partie, et ce n'est plus un hasard, du quatrième titre, le nôtre. *Sciences* est pour nous un terme caractéristique.

Ceci demande à être examiné de près ; n'est-ce pas dans les études littéraires qu'on range l'étude du grec ou du sanskrit, celle des papyrus ou des parchemins ? Le mot *sciences* pouvait étonner le public de 1868, qui était accoutumé (en a-t-on perdu la fâcheuse habitude ?) à mettre les mots *sciences* et *lettres* en antithèse.

En fait les lettres (sous l'aspect, il est vrai, qui est le moins familier au vulgaire) sont matière à science au sens propre. Ce qui définit la *science*, c'est la logique, c'est la méthode ; ce n'est pas l'objet. Une science est une étude à objet quelconque, étude qui des données, de quelque nature qu'elles soient, tire d'abord des hypothèses, puis, confrontant les hypothèses avec le réel, les vérifie. Elle commence par prédire (peu importe quoi), et ensuite elle constate.

L'astronomie annonce une planète, et plus tard la voit marcher ; c'est une science. Or, *parva licet...* La philologie annonce les leçons d'un manuscrit avant de tourner la page ; c'est une science encore, et au même titre. Par leur logique, l'astronomie et la philologie sont sœurs, sans pour cela se ressembler. — Une page d'histoire est un assemblage de prophéties implicites, dont chacune attend confirmation éventuelle d'un nouveau témoignage ou d'un critère nouveau. Voilà une *science* encore, et le mot *sciences* est d'une justesse rigoureuse dans le titre de notre Section. Nos sciences sont des sciences appliquées aux lettres, et font partie à la fois des sciences et des lettres.

Les *lettres* peuvent aussi n'être pas objet de *science* à proprement parler. Elles ont alors un caractère esthétique et moral ; ce sont les *humanités*. Sous cet autre aspect, elles sont d'un agrément et d'une utilité sans prix ; elles sont par excellence éducatives, éducatives pour tous ; elles sont indispensables à l'adolescence ; c'est par elles qu'un lycéen devient capable d'être un jour bon juriste, ou bon médecin, ou bon ingénieur, ou (cela arrive aussi) bon érudit. Mais tout a sa saison. Une fois le jeune cerveau formé, une fois l'éphèbe devenu un homme, l'âge appelle une spécialisation, une profession définie, et, pour beaucoup, une science particulière.

Alors l'étudiant peut être tenté de continuer les lettres sous forme scientifique, alors il peut venir à nous.

Alors, s'il lit encore Cicéron ou Virgile, nous le mettrons en mesure de faire des trouvailles dans le fatras des variantes, de débrouiller le casse-tête passionnant des dates. Son admiration pour les belles pages de Tacite ne baissera pas, mais nous lui apprendrons qu'un historien de Rome a besoin de dépouiller aussi, et par centaines, des épitaphes d'inconnus. Tel autre laissera là le latin, et nos orientalistes lui enseigneront quelque langue rébarbative et noble. A tel autre encore nous ferons compulser les chartes monotones et les monotones chroniques ; à cette seule condition peut s'accomplir ce que Michelet appelait une résurrection.

Sa besogne parmi nous ne risque pas d'être ingrate. C'est l'érudit, non l'humaniste amateur et dilettante, qui accroît le trésor commun de la connaissance (c'est l'essence de la science d'être en croissance perpétuelle). C'est l'érudit qui lit sans erreur dans l'âme des générations. C'est lui, s'il a choisi ce domaine spécial, qui épure, clarifie et rénove les chefs-d'œuvre, pour le plus grand profit de la jeunesse et pour la plus grande délectation des liseurs délicats.

Mais j'ai dit *parmi nous*. Si l'étudiant vient à nous, tant mieux ; s'il apprend nos méthodes ailleurs, tant mieux encore ; seulement, qu'il donne sa vie à la science du passé, à la vraie science du passé. La jalousie n'a jamais pénétré chez ceux dont le regard vise le vrai ; la science aussi fait l'*union sacrée*. Et nous savons qu'en 1921 les Universités de France sont pleines d'érudits.

De cela précisément nous sommes fiers pour la Section des sciences historiques et philologiques. Rappelons-nous : en 1868 la

Faculté des lettres de Paris se composait d'un petit nombre de professeurs, en très grande partie occupés à préparer des candidats et à poser des questions élémentaires. Pour cause, on n'acceptait de thèses de doctorat que sur des sujets classiques. On eût dit un lycée supérieur pour grandes personnes. Une poignée d'hommes éminents énonçaient en chaire des résultats, sans avoir le temps de souffler mot des données. L'étudiant sortait gradé, mais ignorait l'idée même du travail de première main. Aujourd'hui, la petite Faculté a grandi, et les amuseurs publics la jugent trop docte. Quelle vaste ruche en mouvement ! quel fourmillement de pensées ! et c'est la même fermentation en province. Or dans notre chère Section, il y a cinquante-trois ans, j'ai vu mes maîtres fournir à l'enseignement français le premier levain.

Aussi, dès le début, notre École-Section a joui à l'étranger d'un incroyable prestige. Parmi les étudiants français ne sont guère venus chez nous, heureusement, ceux qui n'étudient pas pour savoir ; nous nous sommes contentés des autres. La Section a formé ainsi beaucoup de savants, aujourd'hui de tout âge, que nous adressaient souvent les Facultés, l'École normale, l'École des chartes, l'École des langues ; au Collège de France nous avons toujours été étroitement unis par plusieurs liens personnels ; nous nous envoyions des élèves nous-mêmes. De tant de jeunes érudits qui ont été nôtres ou à demi nôtres, beaucoup dorment sous la terre qu'ils ont défendue ; tout à l'heure nous entendrons debout la longue liste éloquente et incomplète. Mais voici que grossit le docte essaim de nos jeunes filles, nous apportant quelque consolation pour tant de deuils. Une d'elles vient de sortir première de l'École des chartes.

Hé quoi, des jeunes filles érudites ? se serait-on exclamé en 1868. Nous, qui remercierons-nous de ce que cette impossibilité est devenue possible ? Messieurs, le fondateur de l'enseignement féminin est le même que le fondateur de l'École pratique des hautes études. C'est le grand ministre qui, de 1863 à 1869, a tant fait pour toutes les formes de l'enseignement, Victor Duruy. J'arrive à l'historique de notre Section, après avoir essayé d'en définir et d'en peindre l'être.

II

Dix ans après le décret de fondation, Duruy réunissait à dîner les rédacteurs d'un volume de Mélanges sur l'histoire romaine, composé en son honneur par les membres de notre Section ; de ce dîner, trois survivants gardent le souvenir. A table, l'ancien ministre nous raconta les origines de l'École, de l'École dans son ensemble. Ce n'est pas aux historiens que l'auteur de l'*Histoire des Romains* avait songé d'abord ; il nous le dit avec une belle franchise. Ce qui l'avait ému était la misère des laboratoires, misère considérée au point de vue de l'enseignement. Les grands expérimentateurs, eux, ne manquaient pas ; Claude Bernard avait cinquante-cinq ans, Pasteur quarante-six ; Berthelot, plus jeune, avait déjà unifié la chimie. Ce qui faisait défaut et ce que voulut Duruy, c'est que, dans le laboratoire, un grand expérimentateur pût associer des élèves à ses recherches ; là, en effet, la participation à l'œuvre commune est autrement instructive qu'un monologue dans la chaire. Telle est l'idée qui a suggéré la création d'une *École pratique* ; le mot *pratique*, dans ce titre, est un élément essentiel.

Des sciences expérimentales, la sollicitude du ministre avait passé à nos sciences, cela très naturellement. L'enseignement par le travail en commun a les mêmes vertus partout. En philologie comme en physique, il faut que l'élève voie le maître conjecturer, puis, à la vérification, la conjecture être souvent confirmée, parfois démentie. Parfois démentie, heureusement ; alors nous disons tant mieux, car nous déracinons chez nos élèves la tendance à avoir en nous ce qu'on appelle une *foi* ; nous leur disons de se défier de nous et d'oser penser. — Il faut aussi que l'élève, sous les yeux du maître, apprenne à interroger lui-même la réalité, qui juge tout en dernier ressort. Nous avons gardé et nous comptons garder l'originalité de notre organisation, où la chaire est exclue comme nuisible à l'enseignement, et où l'apprenti qui tâtonne est assis à la même table à côté du vieux routier qui guide.

Ainsi naquit l'École, ainsi naquit avec les autres notre Section. Son berceau était vide encore, quand des dons lui furent apportés par la vénérable École des hautes études de François Ier, le Collège de France, et aussi par notre glorieuse sœur aînée, l'École des chartes. Ceci veut dire que, deux mois avant le décret, Michel Bréal, l'un des Français qui ont le plus efficacement contribué à la rénovation du haut enseignement, fut chargé de s'entendre avec son collègue du Collège, Alfred Maury, et avec l'illustre médiéviste Jules Quicherat, pour préparer le règlement de notre Section. L'esprit de ce règlement se résumait alors et se résume d'un mot : de parti pris, nous ignorons les *grades*, qui ne sont apparentés à la science en quoi que ce soit.

La Section, avant de naître, avait un titre provisoire : *Section de philologie, d'histoire et de morale*. Quasi provisoire fut le décret lui-même ; il semble que le ministre ait voulu, comme on dit, voir venir, et qu'il se soit réservé de statuer après expérience. A l'École et à ses Sections, le décret ne conférait guère qu'une promesse d'existence. Aucun local n'était prévu ; l'École était fondée *à Paris, auprès des établissements scientifiques qui relèvent du ministère de l'Instruction publique*. Pour être admis dane notre Section, un élève passait un examen devant une commission comprenant un membre pris dans notre *Comité de surveillance* (aujourd'hui inexistant) et deux membres pris dans les personnels de l'Institut et des diverses Écoles et Facultés. Au début, des jeunes gens furent nommés élèves titulaires de la Section pour avoir travaillé au Collège de France. De cette situation peu définie découlaient deux possibilités. Si les maîtres de la Section attendaient une continuation de l'initiative d'en haut, la Section risquait de rester plus ou moins amorphe. C'est ce qui est arrivé dans les Sections expérimentales ; seule la nôtre a pu dire bientôt, avec un plein sens : *Je suis celle qui suis.* Si au contraire un vigoureux esprit d'initiative animait les maîtres, et que d'ailleurs leur initiative ne fût pas entravée ou contrariée en haut lieu, ils devaient être les vrais organisateurs, et la Section devait devenir autonome, ne garder avec les Sections-sœurs qu'un lien nominal, se développer enfin, si le ministre le voulait bien, à peu près comme si elle ne dépendait plus de lui. C'est ce qui s'est passé chez nous ; des maîtres comme Michel Bréal, qu'il est juste de nommer encore une fois, et comme Gaston Paris, comme Gabriel Monod, y furent assurément pour beaucoup ; nous les avons en gros, mais où trouver des témoins en mesure de préciser ? Enfin le premier de nos présidents fut pour nous, après le ministre, un second père spirituel.

Ce second père fut Léon Renier, du Collège de France, le savant qui connaissait le mieux les inscriptions de France et d'Algérie ; il touchait à soixante ans. C'était un homme bon, bienveillant, foncièrement doux. Dans son cours, il confessait avec une candeur exquise l'émotion qui l'avait pénétré quand il avait, le premier, déchiffré une touchante inscription funéraire. Sur le sol africain,

il aimait à le raconter, il montrait les stèles aux indigènes, leur
faisait constater que les lettres étaient les nôtres, et leur insinuait
en souriant une acceptation de notre conquête. S'il parlait aux
jeunes gens tout novices, qui s'adressaient à lui avec une timidité
pleine de respect, il leur laissait voir une timidité encore plus
grande, laquelle contenait de la tendresse. Mais sa volonté était
nette, ferme, active. C'est de Léon Renier que la Section tient le
souffle de vie qui lui est propre. Comme il était conservateur de
la Bibliothèque de l'Université, dans la Sorbonne d'avant Nénot, il
y logea la Section nomade dans deux ou trois recoins, où chaque
élève devait se lever quand il fallait qu'en passât un autre. Pendant
bien des années, nous n'osâmes pas ouvrir aux dames ce local
bizarre, isolé et comme secret, qui aurait pu abriter des amourettes.
C'est là que se sont développés les enthousiasmes des jeunes érudits ; c'est là que ceux de mon âge se sont sentis entraînés *ad
augusta*, mais *per angustissima* ; le superlatif est de mise. Bien plus
tard seulement, quand la nouvelle Sorbonne eut été construite,
la Section entra en possession d'un siège officiel.

Par le don du commun refuge, don qui mettait fin à l'éparpille-
ment, par le maintien de l'unité spirituelle, par l'impulsion donnée
à tous les zèles, Renier nous a fait peu à peu nous apercevoir qu'il
nous était poussé une âme. Cette âme, où tomberait exactement
le cinquantenaire de sa survenue ? en vérité, il est symbolique
que la date de notre fête se trouve être arbitraire.

Pour que Renier réussît dans son œuvre il lui fallait, au ministère, un puissant complice. Il l'eut ; ce fut Armand Du Mesnil, Chef
de la première division, qui, en cette qualité, eut à s'occuper de
l'École dès le temps de Duruy. Plus tard (1870), il reçut le titre
nouveau de Directeur de l'enseignement supérieur. Bien des fois
j'ai entendu mes anciens faire de Du Mesnil l'éloge le plus reconnaissant. Grâce à lui l'initiative organisatrice de Renier fut non pas
tolérée, mais secondée et encouragée. Après Du Mesnil, d'ailleurs,
tous ses successeurs se sont montrés animés du même esprit libéral
et bienveillant. Je nommerai ceux qui ne m'entendent pas : le fin
savant Albert Dumont, l'illustre administrateur Louis Liard, Charles
Bayet, qui à soixante-cinq ans reprit les galons de lieutenant pour
servir la France en péril, enfin Lucien Poincaré, qui, personnellement, cultivait une science bien différente des nôtres, mais qui
comprenait parfaitement nos désirs. Ces quelques hommes, qui

presque tous restèrent longtemps en fonction, maintinrent la continuité de notre heureuse tradition d'autonomie à travers tous les changements et remaniements des cabinets, à travers les vicissitudes politiques graves. Aucun ministre n'a jamais fait mine d'être jaloux de notre liberté, qui n'a de garantie que son bon vouloir. Aussi est-ce pour nous un strict devoir de remercier collectivement et sans exception toutes les personnes qui ont eu autorité sur nous. Pour le moment, en droit, M. le ministre Léon Bérard est notre tsar ; en fait, nous sommes sous son sceptre une petite Dominion, heureuse de lui exprimer un parfait loyalisme.

Les successeurs de notre premier Président ont été encore moins nombreux que les Directeurs de l'enseignement supérieur. Le dernier a été Gabriel Monod, dont je ne puis parler qu'incomplètement, n'ayant été ni son élève, ni proprement son ami personnel, — âme idéaliste, exaltée dans son enthousiasme naturel par le contact intime de Michelet. Il sera tout à l'heure parlé de lui d'une façon digne de lui. Entre la présidence de Renier et celle de Monod, il n'y en avait eu qu'une autre, celle d'un savant de génie, celle aussi d'un être d'une incomparable séduction, que Dante aurait pu saluer du nom d'*anima cortese*. Gaston Paris est matériellement présent chez nous par sa bibliothèque, grâce à la libéralité de Mme la marquise Arconati-Visconti ; il est plus présent encore par le vivant souvenir de ceux de nous qui ne sont pas trop jeunes. La pensée de son savoir et de sa maîtrise nous conseillait à tous la modestie ; sa personnalité nous captivait d'emblée, et sa seule approche gagnait les cœurs. Dix-huit ans après sa mort, c'est une douceur de se trouver amené à faire entendre son nom.

III

Bien longtemps nos maîtres, nos *directeurs d'études*, — ceux du moins à qui un autre enseignement n'apportait pas un traitement convenable, — ont fortement souffert d'une insuffisance de rémunération ; c'était peut-être la faute des circonstances plus que des hommes, et en tout cas, après coup, il serait sans objet de récriminer ; mais il est juste, dans un moment où tous les souvenirs se réveillent, de ne pas taire leur longue abnégation. Quant au temps présent, ce sont des sentiments de vive gratitude que nous avons à exprimer, des hommes politiques éminents, en particulier des rapporteurs du budget, s'étant émus et ayant enfin fait assurer à tous l'existence digne que méritent de hauts services intellectuels. Pour ce qui est de notre matériel, le temps pourra nous donner ce qui manque encore. Ce n'est pas des livres qu'il s'agit surtout, au moins en ce moment, la Section ayant toujours eu les liens les plus étroits avec la Bibliothèque où ses premières années avaient trouvé leur asile. Des collections, voilà ce qu'il faut aux géologues, nos frères en logique, puisqu'ils s'occupent du passé ; il en faut de même aux historiens et aux philologues. Nous avons pu acquérir quelques papyrus, grâce à une fondation faite en souvenir d'un de mes chers collègues de jeunesse, Charles Graux, enlevé à vingt-neuf ans ; puissent de nouveaux bienfaiteurs s'aviser de nous pourvoir ! quant à l'État... puissent les vaches de Pharaon reprendre figure ! Dans la notion des collections il faut comprendre celle des frais d'enseignement pour copies, photographies, moulages, estampages, et pour mise en état de nos papyrus. Il nous faudrait aussi une subvention large pour nos publications ; nous accroîtrions rapidement le total actuel de nos 230 volumes. — Un autre de nos besoins est celui des bourses d'études et de voyage. Ici, nous sommes les obligés du Conseil municipal de Paris. A ses représentants et aussi à M. le Préfet de la Seine s'exprime notre profonde et, il faut le dire, notre très vieille reconnaissance ; cela date de si longtemps avant la guerre ! Oserai-je, respectueusement, faire remarquer que la très précieuse subvention du Conseil est comme la Peau de chagrin, dont les années usaient le pouvoir magique, ou, si l'on préfère un synonyme grossier, mais très actuel, le pouvoir d'achat ? Oserai-je noter encore que certains trésors exotiques (ainsi, ceux du *British Museum*) sont gardés par un monstre ? ce monstre est le Change ; tel un dragon qu'apaiseraient seules de copieuses offrandes. — Une libéralité privée, toute récente, qui commémore et le nom et les intentions personnelles du jeune savant Jules Delamarre, aidera en France ou hors de France quelques élèves d'archéologie grecque.

Un testament d'inspiration heureuse peut beaucoup pour la science et pour le pays. *Mes arrière-neveux me devront cet ombrage*, dit l'octogénaire de la fable, qui était un sage. L'eût-il été moins si, à des enfants qui grandissaient encore, il eût légué la joie de travailler à l'aise, de devancer les découvertes de l'étranger, même ami, de grossir le patrimoine de l'esprit, de servir par là, à leur tour, un autre avenir et, l'obsession du souci actuel invite à le dire, de pallier moins lentement la perte irréparable des jouvenceaux ?

IV

De notre École, la pensée revient nécessairement au pays, à qui
nous avons le sentiment de ne pas être inutiles. Sur cette terre où
sont nés Budé et Turnèbe, et même le Véronais Joseph Scaliger, et
Tillemont et Du Cange, et ce Richard Simon qui a fait entrer la
critique objective jusque dans l'exégèse, et les Bénédictins, et aussi
Champollion et Eugène Burnouf, l'enfant naît philologue en puissance et historien en puissance ; et pourtant une étrange atrophie,
chez beaucoup et chez les meilleurs de nos compatriotes, avait
étouffé une aptitude des plus françaises, celle qui combine la rigueur
extrême avec le tact le plus délicat, l'*esprit de finesse* avec l'*esprit de
géométrie*.

En matière classique surtout, la déchéance était frappante, le pur
humanisme, qui est toujours charmant, mais souvent infécond,
ayant usurpé la part de l'érudition sévère. Cruellement étaient humi-
liés par la comparaison de telle nation grande et travailleuse (notre
règle est de ne pas taire les vérités pénibles) ceux des Français qui
regardaient l'Europe.

Aussi, dès 1868, et encore mieux après la dure leçon de 1871,
la préoccupation de l'honneur à rétablir fut aiguë chez tous les premiers maîtres de notre Section, chez tous ses premiers élèves. Cette
arrière-pensée patriotique, le ministre patriote de 1868 l'avait
comme dictée aux vieux et aux jeunes dans le *Rapport* qui accom-
pagna le décret par lui inspiré. Elle n'est pas éteinte, et là encore
nous avons bonne conscience. Les joies nationales, comme jadis
les douleurs, ont haussé les ardeurs pour une lutte qui doit être
pacifique et sereine, mais obstinée et indéfinie. Avant de célébrer
avec quelque retard notre premier demi-siècle, nous avions entamé
le second avec la vue claire d'une responsabilité grave et durable,
et ni les jeunes ni les vieux ne sentent leur zèle près de faiblir.

L'ANTIQUITÉ CLASSIQUE
A L'ÉCOLE DES HAUTES ÉTUDES

PAR

M. Bernard HAUSSOULLIER.

Monsieur le Président de la République,
Monsieur le Ministre,
Mesdames, Messieurs,

L'étude de l'antiquité classique, c'est-à-dire du monde grec et du monde romain, tenait dans les préoccupations et les espérances du fondateur de l'École une place considérable. C'est aussi pour renouveler les études classiques, pour renouer la tradition savante interrompue qu'un Victor Duruy — de si chère mémoire — créait l'École pratique des hautes études.

Le mal dont souffraient les études classiques — les études philologiques surtout — avait été très nettement reconnu par un maître dont le témoignage est précieux. Au lendemain de l'Exposition universelle de 1867, dans un Rapport au Ministre de l'Instruction publique sur l'étude des lettres latines en France, Gaston Boissier avait le courage d'écrire, dès la première page : « Nous n'avons pris qu'une part trop petite et peu digne de nous au mouvement qui a renouvelé la critique des textes classiques par l'étude plus intelligente des manuscrits. Il est bien fâcheux qu'on n'ait pas compris davantage en France que les jugements des humanistes ne peuvent pas se séparer du travail des philologues. »

Quelques mois plus tard, l'École des hautes études était fondée et le premier Président, Léon Renier, confiait à Gaston Boissier la direction des études de philologie latine.

Il convient aujourd'hui de rendre un juste hommage aux ouvriers de la première heure et de marquer brièvement les progrès accomplis.

I

La province latine fut la première organisée. Moins étendue que la province grecque, elle fut dotée d'un personnel moins nombreux. Seul représentant de la philologie pendant les deux premières années, Gaston Boissier s'adjoignit, à titre de répétiteur, un maître suisse, Charles Morel, le premier étranger qui ait eu l'honneur d'enseigner à l'École — d'autres devaient suivre, des compatriotes de Charles Morel, dont nous gardons le souvenir reconnaissant —, puis il s'engagea vaillamment dans la voie nouvelle en exposant l'histoire des variations de l'orthographe latine d'après les monuments épigraphiques et paléographiques. Mais il dut nous abandonner bientôt et l'honneur de renouveler les études françaises de philologie latine revint à d'autres maîtres : Charles Thurot, Othon Riemann et surtout celui que nous sommes heureux de voir aujourd'hui à la tête de l'École, notre Président, qui lui appartient depuis 1872.

Le long travail de cette conférence, tout de méthode et de scrupule, n'est pas de ceux qui se résument aisément en un jour comme celui-ci. Il a abouti en 1911 à un ouvrage considérable qui en est pour ainsi dire la Somme, un *Manuel de critique verbale appliquée aux textes latins*, véritable traité de pathologie, d'étiologie, issu du cours du Collège de France et de la conférence de l'École que le maître a toujours su conjuguer pour le plus grand profit de ses auditeurs des deux rives. Il y a plus dans ce gros volume qu'une longue liste de fautes : il renferme de précieuses indications sur le fond même de la méthode critique, c'est-à-dire sur la reconstitution historique de la transmission du texte. Le livre a contribué à engager nos philologues dans la voie féconde de l'histoire des textes.

Aussi bien la paléographie latine prit de bonne heure assez d'importance pour qu'on lui réservât dès 1877 une conférence spéciale dont le titulaire cumule les fonctions de secrétaire de l'École et de conservateur de la Bibliothèque de l'Université. Il les remplit toutes avec une égale compétence et aussi une inlassable complaisance dont nous usons et abusons tous familièrement.

La philologie grecque fut un peu plus lente à constituer ses cadres. Au moment où se fondait l'École, d'heureuses initiatives favorisaient singulièrement le renouveau des études grecques : de l'année 1867

date la création de l'*Association pour l'encouragement des études grecques* ;
en 1867 paraît le Sophocle d'Édouard Tournier. C'est Édouard
TOURNIER qui fut, dès le début, le directeur de la conférence de
philologie grecque.

Peu d'hommes ont été plus attachés à l'École, ont eu plus de foi
en elle. Toujours prêt à la défendre contre des ennemis qu'elle
n'avait pas, il s'y est dévoué tout entier, d'une tendresse inquiète
et presque jalouse. Au début, avec l'assistance du Suisse Jules NICOLE,
qui devait faire si grand honneur à l'Université de Genève, il ensei-
gna la paléographie grecque et la critique verbale ; puis quand la
conférence se fut adjoint des maîtres tels que Henri WEIL et Charles
GRAUX, Tournier s'efforça d'organiser le travail commun. Il nous a laissé
mieux qu'un programme, que nous ne suivons plus. Ce que nous
lui devons, c'est d'abord d'avoir créé en France et organisé l'enseignement de la paléographie grecque, et de nous avoir donné Charles
Graux — Charles Graux mort en 1882, avant l'âge de trente ans,
l'une des plus nobles figures qui aient illuminé l'École, l'une des
« plus belles couronnes de notre famille », comme il est dit dans
une de ces inscriptions grecques que Graux savait étudier. C'est
encore Tournier qui a fondé une nouvelle série de la *Revue de Philologie*, l'ouvrant largement à ses auditeurs français et étrangers, en
faisant ce qu'elle est restée : l'une des maisons de l'École. En
vérité il a bien mérité des études classiques.

Tournier a eu la joie de voir entrer à l'École les meilleurs de ses
élèves : le paléographe Alfred JACOB, puis le disciple préféré, que
la politique nous a enlevé — sous un autre nom il est vrai —
et qui revient parfois à l'École se reposer de la prose quotidienne
en expliquant les poètes grecs. Les deux remplaçants du député sont
deux professeurs de l'Université auxquels Tournier lui-même aurait
fait bon accueil : l'un est l'éditeur d'Eschyle, l'autre un ancien Athénien qui sait allier le culte des lettres à la science de l'épigraphie.

Enfin la littérature post-classique, byzantine et néo-grecque est
représentée par deux maîtres. L'un, qui partage son enseignement
entre l'École des hautes études et l'École des langues orientales,
s'est attaché à l'évolution de la langue grecque, depuis la formation
de la langue dite commune jusqu'au grec moderne. L'autre nous
est disputé, depuis la guerre, par un Ministère qui n'est pas celui
de l'Instruction publique : deux fois directeur — décidément, sans
préparer à rien, l'École mène à tout ! — il nous réserve une bonne

part de son activité féconde, guidant ses auditeurs dans la littérature alexandrine, dans les bibliothèques et les écoles qui se fondent à Alexandrie, en Asie, à Byzance, partout où survit et se transforme la littérature grecque.

A cette dernière conférence, aux recherches qu'elle dirige se rattachent deux livres remarquables qui — parmi tant de mémoires et de thèses sortis des conférences de philologie — méritent l'honneur d'une mention, deux livres dont les auteurs sont tombés dans la grande guerre : l'*Histoire du texte de Platon* par Henri ALLINE, un de nos élèves diplômés, le *Texte d'Aristophane et ses commentateurs,* par Pierre BOUDREAUX, un de nos collègues. Que cette simple citation s'ajoute à celles dont ils ont été honorés sur les champs de bataille!

Telle a été, trop brièvement résumée, l'activité de l'École dans le domaine de la philologie classique. L'École a vraiment renoué la tradition savante ; la philologie classique y a trouvé un foyer, et si un helléniste éminent, qui porte un nom trois fois cher aux études classiques — M. Maurice Croiset — a pu fonder l'Association Guillaume Budé, si celle-ci a publié déjà un premier lot d'éditions et de traductions d'auteurs grecs et latins qui ont reçu le meilleur accueil, est-il téméraire de prétendre que l'École des hautes études est à la source de ce grand effort et que sans elle, sans son action sur la formation de nos maîtres de l'enseignement supérieur et de l'enseignement secondaire, il n'aurait pu ni être conçu ni être réalisé ?

II

L'École des hautes études ne se borne pas à l'enseignement de la philologie. Dès la première heure elle a inscrit dans son programme l'épigraphie et les antiquités grecques et romaines, et le premier Président de l'École fut le professeur d'épigraphie latine au Collège de France, Léon RENIER.

On ne dira jamais assez l'influence profonde exercée par ce cours du Collège de France, que suivaient à l'envi des professeurs de lycée comme Gaston Boissier, Georges Perrot, M. Paul Foucart, des étudiants comme Charles Graux et Olivier Rayet. Par la sûreté de sa méthode scrupuleuse et patiente, par la prudence de ses restitutions de texte, Léon Renier a préparé les voies à l'École : le cours du Collège de France a été comme la préface de l'École des hautes études.

A l'École même, Léon Renier a peu enseigné et la conférence d'épi-

graphie et antiquités romaines fut bientôt confiée à Ernest DESJARDINS,
puis à HÉRON DE VILLEFOSSE qui l'a occupée pendant près de quarante ans et l'a marquée de son empreinte. Attiré de bonne heure
vers nos antiquités nationales, dont l'École des Chartes lui avait
donné la passion, Héron de Villefosse a orienté son enseignement
vers l'étude des inscriptions latines retrouvées sur le sol de la Gaule
ou de l'Afrique française, s'efforçant de faire revivre nos antiques cités
dans leur administration, leurs cultes, leurs institutions municipales.
Il n'est peut-être pas un de nos candidats à l'École de Rome qui
n'ait profité de ses leçons et n'ait éprouvé la bienveillance discrète
du maître partout regretté.

Son successeur est un de ses élèves, à qui ses travaux sur la Dal-
matie et les origines chrétiennes permettront d'étendre le domaine
de son maître.

Ne quittons pas Rome sans exprimer le vœu qu'une conférence
de droit romain vienne compléter notre enseignement des antiquités
romaines et nous mettre en relations utiles avec la Faculté de droit
qui nous apparaît un peu isolée sur la rive prochaine, au sommet
de l'Acropole parisienne.

Athènes et la Grèce ont, dans ce département encore, de plus
nombreux représentants. La conférence d'épigraphie et antiquités
grecques a d'abord eu pour titulaires deux maîtres qui n'ont fait
que passer : Félix ROBIOU et Georges PERROT. Celui qui se l'appro-
pria vraiment fut Olivier RAYET, le plus complet, le plus vivant de
tous. Rayet se tailla dans l'antiquité grecque un immense domaine
qui embrassait l'épigraphie, toute l'archéologie, et la topographie et
l'histoire, et il l'administra avec sa vigueur coutumière, suffisant à
toutes les tâches, ne voulant laisser aucune parcelle en friche. Après
sa mort prématurée, ce trop vaste empire s'est démembré au profit de la Faculté des lettres et de l'École du Louvre où l'archéologie,
l'histoire et l'épigraphie grecques comptent aujourd'hui des maîtres
remarquables, et la conférence de l'École des hautes études est reve-
nue au programme que Georges Perrot et Henri Weil avaient tracé
avec tant de clairvoyance et d'autorité : l'étude des institutions de
la Grèce, institutions du droit public et du droit privé, de tout ce qui
peut, dans les auteurs et les inscriptions, donner le sens et la vision
de la vie politique grecque.

A côté des inscriptions, l'École a récemment fait une place aux
papyrus. Elle a appelé un professeur de la Faculté de Lille qui, par

ses fouilles en Égypte, par son enseignement, par ses livres, avait, dans la patrie de Letronne et dans tout le monde savant, conquis la plus juste considération. Située sur les frontières de la philologie et de l'histoire, la conférence nouvelle a grandement enrichi l'École, qui assure désormais le recrutement des hellénistes de notre Institut du Caire.

Enfin, sans vouloir empiéter sur le domaine de l'histoire, nommons la conférence de géographie historique grecque, dont le titulaire — ancien Athénien, lui aussi — s'est fait connaître surtout par ses études originales sur Homère et sur l'Odyssée, Homère source de toute poésie et aussi de toute géographie grecque. D'autres titres ont recommandé notre collègue aux électeurs qui l'ont envoyé au Sénat, mais l'École le revendique et tient à lui, si heureux qu'ait été le choix de ses deux remplaçants.

Voilà — dans un résumé trop rapide pour être absolument conforme aux méthodes de l'École — ce que l'École pratique des hautes études a fait, de sa seule initiative, pour les études classiques. Maîtresse de critique, tout éprise de science, elle reste résolument attachée, obstinément fidèle à cette culture classique, qui, récemment encore, à Montpellier, dans une grande fête de l'esprit, a trouvé deux très éloquents défenseurs : Rabelais et M. le Ministre de l'Instruction publique.

LES LANGUES

A L'ÉCOLE DES HAUTES ÉTUDES

PAR

M. Antoine MEILLET

Au début du XIXe siècle, les Français étaient les maîtres des études orientales. Silvestre de Sacy, qui venait de déchiffrer les inscriptions pehlvies, dominait les études arabes de sa haute autorité. Champollion publiait en 1822 son déchiffrement des hiéroglyphes de l'Égypte, résolvant un problème qui semblait défier les historiens et les philologues de l'Occident. Eugène Burnouf, étudiant avec un bon sens génial les vieux textes religieux des Parsis, fondait l'interprétation de l'Avesta, et, en même temps, il donnait aux études indiennes des modèles de méthode rigoureuse. Abel Rémusat était un maître de la sinologie. Et même sur les petits domaines, c'étaient encore des Français qui étaient les initiateurs, Saint-Martin pour l'Arménie, Brosset pour la Géorgie.

Mais ces maîtres disparaissaient bientôt les uns après les autres sans être remplacés vraiment. Et, dès le milieu du XIXe siècle, l'orientalisme français apparaissait découronné. La linguistique indo-européenne, la linguistique germanique, la linguistique slave, la linguistique celtique, qui se constituaient ailleurs — surtout en Allemagne — n'avaient pas de représentants en France, et c'est un Allemand, Diez, qui avait l'honneur de créer la linguistique romane.

C'est que la science ne vit pas seulement d'invention. Dès qu'elle est constituée, on ne peut plus trouver utilement qu'en s'aidant des résultats acquis, de méthodes précises qui évitent les démarches inutiles de l'esprit et les erreurs. Des Français avaient pu créer et trouver une fois, mais pour continuer il fallait organiser la recherche et l'enseignement.

Faute de l'avoir fait à temps, la France se trouvait, au milieu du XIXe siècle, démunie d'orientalistes et de linguistes. Il lui fallait emprunter à ses voisins de l'Est un Oppert pour contribuer à fonder l'assyriologie, un Mohl pour traduire le Schah Nameh. Et, chez les savants français d'origine, une technique pauvre trahissait parfois le génie naturel.

La création de l'École des Hautes Études devait donner à l'orientalisme et à la linguistique le moyen de se développer et de durer en France.

Dès la fondation, l'étude du sanskrit, de l'arabe, de l'égyptien, de la grammaire comparée des langues indo-européennes et de la philologie romane était représentée, et chacune de ces disciplines s'est maintenue, puis développée, à l'École.

Simple, modeste et désintéressé, le premier professeur de sanskrit, HAUVETTE-BESNAULT, cédait presque aussitôt la première place à un jeune maître, Abel BERGAIGNE, doué d'une force de travail et d'une originalité d'esprit rares, qui avec la pénétration d'un esprit méthodique et puissant, éclairait les obscurités des Védas et qui créait promptement une école d'indianistes français ; la liberté, qui a toujours caractérisé l'École des Hautes Études, se marque par la variété des voies qu'ont suivies les indianistes qui en sont sortis : de la littérature classique au bouddhisme et des actions de l'Inde au dehors, de la philologie pure à l'archéologie. Et l'on peut ajouter que la grande école de sinologues qui, depuis Chavannes, est l'honneur de notre orientalisme, a beaucoup appris auprès des indianistes avec lesquels elle s'est tenue en contact étroit.

Le maître d'alors de l'égyptologie, DE ROUGÉ, introduisait presque aussitôt après la fondation de l'École, un jeune professeur, Gaston MASPERO, dont le premier travail sur les formes de la conjugaison en égyptien antique, en démotique et en copte marquait dès l'abord le souci de couvrir le domaine entier de l'égyptologie. Maspero a été durant plus de quarante ans le maître de l'égyptologie en France. A la fois déchiffreur, grammairien, archéologue, historien, il avait partout le sens de la réalité, et ce n'est pas un hasard que le sort lui ait réservé de voir, le premier après tant de siècles, en une momie intacte, le plus célèbre des Pharaons de l'Égypte, Sésostris. Secondé à l'École par GRÉBAUT, puis par Paul GUIEYSSE, il a fondé une école d'égyptologues qui a permis à la France de garder en Égypte une situation scientifique privilégiée.

Une mort prématurée n'a pas laissé le premier maître des études arabes à l'École, Stanislas GUYARD, donner toute sa mesure, mais

ces études ont reçu de lui une impulsion nouvelle. Hartwig DEREN-
BOURG, qui lui a succédé, a été un maître méthodique et précis. La
brillante école d'arabisants et d'étudiants de l'Islam, qui, en Algérie, où elle a pour chef l'un des anciens élèves qui ont le mieux
représenté l'esprit de l'École, à l'École des Langues orientales vivantes
et à notre École même, est une des parures de l'orientalisme français, se rattache directement à ces maîtres.

La critique pénétrante d'Auguste CARRIÈRE, — grâce à laquelle
il a renouvelé l'histoire de l'Arménie, — la connaissance profonde
des choses juives qu'avait Joseph DERENBOURG, l'érudition universelle et l'enthousiasme de Joseph HALÉVY ont donné aux études
sémitiques toute l'activité qu'elles peuvent espérer en un pays où
elles ne sont guère soutenues par une théologie savante. L'archéologie a été représentée avec un éclat singulier.

Le départ de Henri POGNON qui a donné gracieusement quelques
années d'un enseignement brillant, puis la mort prématurée d'Arthur
AMIAUD ont longtemps empêché l'École de contribuer autant qu'elle
l'aurait souhaité au développement de l'assyriologie, auquel elle a
fini par s'associer d'une manière active. C'est au directeur de la
conférence d'assyrien de notre section qu'il était réservé de conduire
au point de vue assyriologique les fouilles de Suze et de publier
le plus important des textes babyloniens, le code désormais fameux
d'Hammourabi.

Quand on a commencé à étudier en France la grammaire comparée des langues indo-européennes, elle avait déjà en Allemagne ses
manuels et ses dictionnaires. Mais Michel BRÉAL lui a donné aussitôt un tour original et bien français, en montrant dans les langues
l'œuvre de l'homme. Puis le Genevois Ferdinand DE SAUSSURE
a, durant dix ans, imprimé à l'école linguistique française la
marque de son pénétrant génie ; son enseignement, où la précision
technique la plus rigoureuse laissait toujours entrevoir les idées les
plus générales et où des formules exactement arrêtées se joignaient
à la poésie de l'expression, a laissé à tous ceux qui l'ont entendu un
souvenir qui ne s'effacera jamais et dont vit encore le groupe des
linguistes français. Des séries de morts précoces ont privé de ses
meilleurs espoirs cette école linguistique. James DARMESTETER,
chez qui un corps débile ne suffisait pas à soutenir une âme ardente,
a pourtant eu le temps de reprendre la tradition de Burnouf,
d'éclairer l'histoire du persan et de renouveler la philologie de

l'Avesta. Louis Duvau a été empêché par la mort de mettre au point les résultats de ses recherches et de son âpre critique. Robert Gauthiot, qui a succombé aux suites d'une blessure reçue aux combats de Picardie, en 1915, avait déjà marqué sa trace dans la linguistique générale et pris parmi les iranistes une des premières places. Mais, malgré les vides, l'école *de linguistique française* demeure ; chacun de ceux qui la composent apporte des travaux où, à travers des tendances communes, se marquent des personnalités originales, et la *Société de linguistique* dont Bréal a longtemps été l'âme, a pris dans la linguistique une place dont nous avons le droit d'être fiers. Tous élèves de l'École des Hautes Études, tous membres de la Société de linguistique, tous ceux qui enseignent la linguistique en France sont, directement ou indirectement, de la lignée de Bréal et de F. de Saussure.

C'est l'École qui la première en France a eu un enseignement de la phonétique.

Enfin parmi les disciplines qui nous touchent de plus près, c'est l'École des Hautes Études qui a la première, en 1876, organisé l'étude du celtique. Et, dès la fondation, un des maîtres qui ont donné à l'École sa direction, Gaston Paris, y a institué, avec l'autorité d'un grand esprit, un enseignement de la philologie romane, d'où est sorti tout le romanisme français et qui a eu, hors de France, un vaste rayonnement. Après un bref enseignement de Brachet, Arsène Darmesteter se joignait à G. Paris et contribuait à organiser l'étude historique du français. L'École est demeurée en France le centre principal de la linguistique romane. La fondation, en 1885, d'un enseignement de *Dialectologie de la Gaule romane* devait justifier, d'une manière éclatante, les promesses du ministre qui avait fondé l'École et des ministres de l'Instruction publique et des directeurs de l'enseignement supérieur qui l'ont depuis soutenue, élargie et fortifiée. En utilisant les bourses de voyage mises à notre disposition par la Ville de Paris et l'aide d'un éditeur généreux Honoré Champion, pour qui la librairie était une manière de servir les lettres et la science, la conférence de *Dialectologie de la Gaule romane* a organisé l'étude de l'ensemble des parlers français, et elle a publié un *Atlas linguistique de la France*. C'est la première fois qu'un grand domaine linguistique a été étudié dans toute son étendue et décrit géographiquement. La théorie des langues romanes en a été transformée et toute la linguistique éclairée. A la suite de l'Atlas, des recherches plus précises, plus minutieuses ont été entreprises sur des points divers et ont abouti à des travaux tous originaux, tous apportant des vues neuves. Un grand mouvement de critique et de recherche s'est produit, et un modèle a été donné qu'on n'a encore presque nulle part réussi à imiter.

Grâce à cet effort, les Universités, le Collège de France, l'École des Langues Orientales, dont l'administrateur est un ancien élève de l'École et ne l'oublie pas, possèdent des maîtres qui ont appris leur métier de philologue ou de linguiste. Dans chacune des branches de l'orientalisme ou de la linguistique, il a été formé des savants sachant poursuivre une recherche originale, et des groupes de savants travaillent de concert à résoudre des problèmes communs. Et par là notre pays, où l'orientalisme et la linguistique menaçaient de devenir une sorte de colonie étrangère, a repris sa place parmi les nations qui s'intéressent à l'histoire de l'Orient et à la théorie scientifique des langues. La section peut être fière de son œuvre propre : du livre de Bergaigne sur la *Religion védique* à la grande traduction de l'Avesta de James Darmesteter, de l'œuvre immense de Gaston Maspero sur l'égyptologie aux vues profondes de Saussure sur la linguistique, des travaux de G. Paris et d'Ars. Darmesteter sur l'histoire du français à l'Atlas linguistique de la France, elle a marqué sa place dans l'étude du langage et des textes anciens. Mais il est une œuvre dont elle est plus fière encore, ce sont les disciples dont elle a pourvu les hautes Écoles et les Universités de notre pays et de l'étranger ; et ce qui la touche le plus, ce sont les marques d'attachement qu'aujourd'hui elle reçoit de ses élèves dispersés par tous pays.

L'HISTOIRE
A L'ÉCOLE DES HAUTES ÉTUDES

PAR

M. Ferdinand LOT

Monsieur le Président de la République,
Monsieur le Ministre,
Mesdames, Messieurs,
Chers Amis,

A la fin du Second Empire quelques hommes avertis s'inquiétaient de la situation de notre enseignement supérieur. Le nombre des travailleurs, eu égard au rang que doit tenir la France dans toutes les branches de l'activité humaine, était excessivement faible. La philologie classique, la philologie orientale, l'histoire, dans les parties de son domaine qui sont d'accès difficile, étaient menacées d'extinction à bref délai, faute de recrues. Des sciences nouvelles, florissantes à l'étranger, demeuraient chez nous inconnues ou mal connues. Il fallait à notre pays, surtout dans les sciences de l'homme, un personnel nouveau. Où et comment le former ?

Pas dans nos Facultés des Lettres, alors simples Athénées. Pas même au Collège de France. Comme alourdie par plus de trois siècles de gloire, cette illustre maison semblait n'avoir pas la force de renouveler la forme de son enseignement : elle avait des auditeurs, elle n'avait point d'élèves.

Victor Duruy rendit à nos études le service incomparable de réserver dans l'école qu'il créait une section consacrée à l'histoire et à la philologie. Au début il y eut de l'incertitude dans l'esprit même de ceux qui désiraient la rénovation de notre haut enseignement. Dans l'École qui allait naître, l'Histoire avait été mise sous le patronage du savant titulaire de la chaire d'histoire et morale du Collège de France, Alfred Maury. Le jeune maître qui devait inaugurer l'enseignement de la critique historique, Gabriel Monod, ne pouvait rien sans son agrément. L'École devait s'ouvrir en janvier 1869. Pendant tout le mois qui précéda, Monod multiplia visites et démarches. Au milieu de décembre, Maury ne comprenait pas encore ce qu'il fallait faire. Il repoussait, sans même vouloir l'examiner, l'idée du travail en commun entre le maître et les élèves — le principe même de l'École. Il voyait dans le directeur d'Études — on disait alors le répétiteur — une sorte de conseiller littéraire. Il ne se rendit qu'à la dernière minute.

Il faut rappeler ces choses. N'oublions jamais les difficultés au milieu desquelles se sont débattus nos prédécesseurs. Si Monod, jeune et inconnu, s'était laissé intimider, s'il avait faibli, c'est tout l'enseignement de l'histoire qui avortait. Nous existons parce que nos maîtres ont été clairvoyants et tenaces.

Gabriel Monod s'était formé, partie à l'École des Chartes dont il suivit l'enseignement comme auditeur libre, partie à l'Université de Gœttingue où il fut l'élève de George Waitz. Trois autres de nos collègues, dont deux sont ici présents, ont écouté également les leçons de ce maître. Comme Monod ils n'ont jamais parlé de Waitz qu'avec admiration et avec respect. Il n'eut pas été digne de nous de ne pas rappeler ce souvenir.

Gabriel Monod a pu s'inspirer de l'enseignement des séminaires allemands, il ne les a pas servilement imités : la formation première du jeune Français était trop différente de celle de ses maîtres étrangers. Et puis tout était si dissemblable ! Le local, le public.

Le local, les combles de la vieille Sorbonne, un grenier, mais meublé de livres, — c'était l'essentiel. Et la grande voix de Paris montant jusqu'en haut, plus excitante que le silence des petites villes d'Université.

Le public. Ah ! c'est là que le contraste éclate. Chez nos voisins, des étudiants lentement, minutieusement préparés à l'enseignement supérieur par les gymnases classiques qui les gardent jusqu'à leur vingtième ou leur vingt et unième année ; l'entrée à la conférence de critique historique, le *séminaire*, est à la fois une faveur accordée par le maître et une obligation imposée par l'État. De telle sorte que le corps professoral tient bien en mains une élite et la plie à ses fins.

Chez nous, en 1869, une question se posait, angoissante. Aurait-on un public ? Peut-être nos maîtres eurent-ils un instant l'illusion, qui persiste encore chez certains, qu'on peut initier à la méthode scientifique — les passants. Quoi qu'il en soit, l'illusion fut vite dissipée. Les passants ne grimpèrent pas jusqu'à notre grenier. Dieu merci ! En histoire, comme en philologie, comme en toute chose, on ne peut rien faire d'un public sans préparation. Les étudiants furent au début les élèves de l'École des Chartes : seuls ils étaient en état de profiter de notre enseignement. Dans le premier rapport qu'il fit sur ses conférences, en 1872, G. Monod tint à rendre hommage à ces disciples de la première heure ; tous par la suite se sont fait un nom dans l'érudition. Puis vinrent les élèves de l'École Normale, surtout à partir du moment où Monod succéda en cette maison à Fustel de Coulanges (1879). Enfin, quand la Faculté des Lettres eut des étudiants véritables, quelques-uns d'entre eux vinrent grossir, pas beaucoup, nos jeunes troupes.

Au lendemain de la guerre de 1870, Monod reçut le renfort d'un officier, comme lui ancien étudiant de Gœttingue, qui abandonnait l'armée pour la carrière ingrate de l'érudition. Il est toujours au milieu de nous. Permettez-moi de saluer en la personne du doyen des professeurs de notre école un demi-siècle de dévouement à la science.

Les deux jeunes maîtres comprirent que s'ils voulaient trop embrasser ils échoueraient. Ils se renfermèrent dans le moyen âge. Monod s'attacha à la période qui passe pour la plus obscure de notre histoire, la période franque ; il y fallait de l'abnégation et cela était conforme à ses goûts. Il y consacra la majeure partie d'un enseignement qui dura plus de quarante ans. On trouvera dans notre collection les travaux sortis de sa plume ; travaux trop peu nombreux sans doute, mais la charge d'un double enseignement, chez nous, à l'École Normale, un instant au Collège de France, la direction, très lourde, de la *Revue historique*, enfin les soucis d'une santé qui fut toujours fragile, ne lui permirent de communiquer au public qu'une faible partie de ses recherches.

Gabriel Monod a fait plus que des livres, il a fait des élèves. C'est là le meilleur de son œuvre. Il n'est guère d'historien français actuellement vivant qui n'ait subi son influence ou sa séduction. Une vaste culture, des relations étendues, et dans des milieux divers, scientifiques, littéraires, artistiques, politiques — de France et d'Europe, tout rendait sa société charmante et profitable. A ceux qui avaient le plaisir et l'honneur de le fréquenter il donnait l'impression de l'homme complet. En cela il ressemblait à son ami Gaston Paris, auquel il succéda dans la direction de notre École de 1895 jusqu'à sa mort, survenue le 10 avril 1912. Il avait alors soixante-huit ans.

Il était venu à nous à l'âge de vingt-quatre ans : il nous a donné le meilleur de sa vie. Son nom demeurera attaché à l'histoire de l'École des Hautes Études par un lien impérissable.

Le succès de l'enseignement de Monod et de son collègue incita l'État français à faire à l'histoire une part plus grande. Rapidement, quatre disciples de Monod, tous sortis de l'École des Chartes, vinrent apporter à leur maître l'appui de leur vaillance et de leur jeunesse. Puis, en 1879, Auguste LONGNON introduit à l'École la géographie historique qu'il fonde comme science. A vingt ans, Longnon exerçait un métier manuel ; le matin il travaillait comme ouvrier, l'après-midi et le soir il travaillait chez nous comme étudiant. A trente-cinq ans il était professeur d'enseignement supérieur. A quarante et un ans il entrait à l'Institut. Exemple magnifique qui prouve que la vocation scientifique se joue des obstacles. Oui, mais à la condition d'être découverte à temps et d'être encouragée. Jamais on ne saura trop de gré à Alfred Maury d'avoir fait entrer Longnon aux Archives Nationales, puis de lui avoir assuré, par la suite, sa succession au Collège de France.

Vous n'attendez pas de moi que je passe en revue la vie et les ouvrages de tous nos collègues disparus. Leurs publications défendent leur mémoire. Il m'est impossible cependant de ne pas m'arrêter sur la personnalité d'Arthur GIRY. C'est de lui que se réclament comme de leur vrai maître la moitié de ceux qui enseignent l'histoire parmi nous, ainsi que le Directeur d'une école voisine qui nous est chère. Giry dépassa la conception traditionnelle du séminaire historique. Avec lui il ne s'agit pas seulement de commenter des textes publiés, il faut de l'inédit. Il faut remuer les archives, de Paris, de la province, de l'étranger. La récolte faite, on revient à l'École travailler de concert à l'exploiter. Plan hardi, plan fécond, qui mettait sa conférence d'histoire bien au-dessus de la moyenne des séminaires français ou étrangers, mais à la condition de pouvoir recruter des travailleurs désintéressés. Giry eut assez d'ascendant pour entraîner à sa suite des équipes de cet ordre à plusieurs reprises.

De ses longues et vastes recherches dans les archives de toute la France, et même de l'Europe Occidentale, deux séries de travaux sont sorties, la première concernant les institutions des villes françaises, la seconde embrassant l'histoire de la France à l'époque carolingienne. Cette dernière série n'était qu'amorcée lorsque le Directeur d'Études fut terrassé en pleine vigueur intellectuelle le 13 novembre 1899 à l'âge de cinquante-trois ans. Ses élèves, dont plusieurs ont pris place dans le corps enseignant de l'École, ont pensé que la meilleure manière d'honorer la mémoire de leur maître était de poursuivre son œuvre. Les volumes parus dans notre bibliothèque diront s'ils ont réussi à être les continuateurs d'un homme qui fut tout à la fois un directeur d'études incomparable, un ami précieux et un bon citoyen.

J'aurais aimé poursuivre. Je n'ai pas abordé des parties importantes de l'œuvre historique de l'École et je suis obligé de couper court. Nous nous sommes imposé de ne nommer aucun vivant. Il est dur de se taire quand on a l'honneur d'être le collègue des hommes de France qui connaissent le mieux l'histoire de l'Allemagne médiévale et de ses institutions, l'histoire de l'Angleterre, quand on aperçoit le fondateur de l'histoire scientifique de Paris, l'historien de l'Alsace. Il est dur de ne pouvoir nommer même un absent que la maladie éloigne de nous en ce jour de fête.

En terminant, permettez-moi, du moins, d'exprimer un regret, c'est que l'histoire moderne tienne si peu de place chez nous. Sans doute, dès les premières années de son existence, l'École s'adapta comme spontanément aux grandes divisions traditionnelles de l'Académie des Inscriptions : Antiquité classique, Orientalisme, Moyen Age. Mais jamais elle ne pensa s'interdire l'accès d'époques plus récentes. Dès 1880 un très jeune historien, à peine sorti de l'École des Chartes, dirigea chez nous des conférences portant sur les sources de l'histoire de France au XVIe et au XVIIe siècle. Mais il nous quitta au bout de six années, appelé, comme on dit, à d'autres fonctions. Vous avez deviné que ces fonctions n'étaient pas éloignées du quai d'Orsay.

Il fut remplacé par un ecclésiastique de nos élèves, qui rénova la science des Antiquités chrétiennes. Lui aussi nous quitta, dix ans après, pour prendre la direction de l'École française de Rome. Il la conserve encore aujourd'hui, entouré de l'affectueuse vénération de ses collègues et de ses disciples.

Sans doute il arrive à tel d'entre nous de descendre jusqu'au XVIIe et au XVIIIe siècle. Cependant il est clair qu'il subsiste un vide dans notre organisation. La période moderne présente des difficultés qui, pour être d'un autre ordre — sans doute — que l'Antiquité et le Moyen Age, n'en sont pas moins redoutables.

Autre lacune : les sciences économiques. L'École dans le plan primitif comportait une section consacrée à ces études. Elle ne fut jamais créée. Était-elle indispensable ? Non, peut-être. L'histoire des docteurs économiques a trouvé sa place dans les Facultés de droit réorganisées. L'histoire des faits économiques est tout simplement une des branches de l'histoire : elle nous appartient.

L'initiative de la Ville de Paris nous a doté, il est vrai, en 1907, d'une chaire de cet ordre. Et si son titulaire nous a été enlevé par le Parlement, son enseignement subsiste. Ce n'est qu'une pierre d'attente. Puisse l'attente ne pas être trop longue ! Espérons que notre demeure, dans un avenir pas trop lointain, verra son achèvement par l'édification d'une aile indispensable à son harmonie.

Souhaitons enfin, souhaitons par-dessus tout, que notre maison soit bâtie en hommes. C'est là l'essentiel. Nos jeunes collaborateurs viennent à nous d'un mouvement spontané. Nous leurs offrons principalement l'attrait d'une liberté presque absolue. L'État français nous a fait des cadeaux magnifiques, tel que nul autre établissement d'enseignement supérieur n'en a eu de semblable : gratuité des études, nulle condition d'âge, de grade, de nationalité.

Toute faveur doit se payer. Nous payons la nôtre. Notre diplôme, accordé sans examen ni soutenance, sur la présentation d'un ouvrage d'érudition sorti de nos séminaires, ne confrère à son bénéficiaire que des avantages dérisoires. Peut-être des générations vivant en des temps plus durs entendront-elles le mot « pratique » dans une autre acception que celle que nous lui donnons ici. Peut-être se détourneront-elles d'une maison si magnifiquement désintéressée. S'il en est ainsi, si la jeunesse s'éloigne de nous, nous mourrons et de mort rapide. Mais ces appréhensions sont vaines. L'École des Hautes Études a réalisé ce miracle de traverser la guerre sans périr. Une poignée d'invalides, des jeunes filles, des étrangers amis, nous sont demeurés fidèles, veillant au feu sacré. Ce feu ne s'éteindra plus. Il y a dans cet auditoire des jeunes gens, des jeunes filles, qui assisteront, j'en ai la conviction, à notre Centenaire en 1968. Puissent ceux d'entre vous qui prendront la parole n'être pas trop sévères pour leurs anciens et leurs travaux périmés ! J'imagine, ou plutôt je suis sûr, que ces successeurs élèveront des plaintes. Ils exposeront leurs besoins au Ministre de l'Instruction publique — ce futur ministre est peut-être parmi vous, jeunes gens, ou, qui sait, jeunes filles. On réclamera des crédits pour des créations nouvelles, et à juste titre, car il est de la destinée des sciences de l'homme, comme des sciences de la Nature, de s'étendre sans cesse et de ne s'achever jamais.

DISCOURS

DU

MINISTRE DE L'INSTRUCTION PUBLIQUE

M. Léon Bérard, Ministre de l'Instruction publique, dans un discours improvisé, a associé le Gouvernement à l'hommage rendu à l'École pratique des Hautes Études et à la mémoire de son fondateur, Victor Duruy:

Il a rappelé quelques-unes des caractéristiques de l'École, notamment son indépendance à peu près absolue et son large libéralisme. Il l'a félicitée de la tâche qu'elle poursuit en s'efforçant particulièrement d'inspirer une salutaire horreur de l' « à peu près » à ses élèves, de développer chez eux la conscience de la recherche, de leur enseigner la lucidité et la probité de l'exposé.

En terminant, il a insisté sur les grands services que l'École a rendus à la France qu'elle maintient au premier rang de l'érudition, et a salué la mémoire de ses maîtres les plus illustres : Léon Renier, Michel Bréal, Gaston Paris, Gabriel Monod, qui ont si heureusement travaillé pour accroître les mérites et le renom de l'érudition française et qui ont formé tant à l'étranger qu'en France un si grand nombre de savants [1].

1. Extrait du Journal *Le Temps*, nᵒ du 3 décembre.

MAITRES ET ÉLÈVES

MORTS POUR LA FRANCE

EN 1914-1919.

M. Edmond Faral, Directeur d'études de littérature latine du moyen âge, ancien capitaine au 5ᵉ Régiment d'infanterie pendant la guerre, a donné lecture de la liste des membres de l'École tombés au Champ d'honneur ou morts des suites de blessures reçues ou de maladies contractées au front :

Directeurs d'études :

> Robert GAUTHIOT.
> Pierre BOUDREAUX.

Élèves diplômés :

> Henri ALLINE.
> Ernest BABUT.
> Pierre GAUTIER.
> Marcel GODET.
> Jean MASPERO.
> Félix DE PACHTÈRE.
> Adolphe REINACH.

Élèves et auditeurs :

> René ABRIBAT (titulaire en 1912).
> Jean ACHER (1908).
> Dominique ANZIANI (1908).
> Camille AUSSIÈRE (1910).
> Charles AVEZOU (1909).
> Victor BAUBET (1911).
> François BAUDRY (1911).

Gaston DE BEAUSSE (1912).
Raymond BENOIST (1914).
Abraham BLOCH (1882).
Frédéric BONNOTTE (1913).
François BOUCHER (1908).
L.-M. Jean BOULARD (1901).
Paul BRESARD (1912).
Achille BURGUN (1909).
Raoul CARRÈRE (1914).
Paul CHAPONT (1910).
Henri CHATELAIN (1901).
André CLERC (1900).
Paul CORNU (1902).
Edouard DECQ (1908).
Maurice DEROY (1910).
Maurice DIETERLEN (1911).
Jean DRUON (1913).
Frédéric DUVAL (1896).
Etienne FAGES (1900).
Marcel FERRAND (1913).
Robert DE FRÉVILLE DE LORME (1904).
Robert GALLI-GALICHET (1914).
Gabriel GARRIC (1906).
André GODIN (1908).
Pierre GOISQUE (1914).
Pierre GONIN (1915).
Lucien GRENIER (1914).
Lucien GUMPEL (1901).
Raymond HOUDAYER (1904).
René DUCHAMP DE LAGENESTE (1910).
Paul LECESTRE (1912).
Lucien LÉCUREUX (1907).
Gabriel LEROUX (1905).
Jean LŒW (1909).
Charles DE LUPPÉ (1911).
Albert MALET (1887).
Jules-Jean MARTIN (1910).
Pierre-Georges MATHIEU (1905).
Georges MAZERAN (1907).

Jacques MERCIER (1914).
Charles MICHEL (1914).
Robert MICHEL (1905).
Jean MORIZE (1909).
Fernand MOUCHET (1910).
André OHEIX (1906).
Jules PANDIN DE LUSSAUDIÈRE (1900).
Jean PERRENET (1912).
Hippolyte PISSARD (1908).
Raymond POUSSE (1910).
Henri PROST (1901).
Ernest PSICHARI (1902).
Michel PSICHARI (1904).
Jean-Léon REYNIER (1905).
Daniel ROBERT (1911).
Maurice ROUXIN (1913).
René STUREL (1907).
Alphonse TALUT (1913).
Fernand DE VAL DE GUYMONT (1906).
Henri VALLET (1910).
Gustave VALMONT (1904).
André WEIL (1911).
Jacques WOLF (1910).

ALLOCUTION

DU

PRÉSIDENT DE LA RÉPUBLIQUE

M. Alexandre Millerand a pris ensuite la parole. Voici le résumé de son improvisation :

Le Président de la République et le Ministre de l'Instruction publique ont tenu à associer par leur présence la France et les pouvoirs publics au simple et émouvant hommage qui vient d'être rendu à l'érudition française.

L'École pratique des Hautes Études a justifié sa création par ses services et ses résultats. Elle honore la France et la science. En nous inclinant devant son passé, saluons avec respect et confiance le groupement libre de ses maîtres et de leurs disciples, force et espoir de notre pays.

Collège de France.

Le Collège de France qui comptera bientôt 400 ans d'existence, n'en est pas moins uni par un lien de fraternité avec la jeune Ecole pratique des Hautes Etudes, qui célèbre aujourd'hui son cinquantenaire ; et c'est avec des sentiments fraternels qu'il lui apporte dans cette fête son hommage et ses vœux. Fraternité intellectuelle due tout d'abord à nos ressemblances d'origine. C'est pour donner l'essor à un esprit nouveau que le Collège de France fut institué au XVIᵉ siècle, et ce fut aussi pour renouveler par des méthodes nouvelles l'étude, des langues des littératures et de l'histoire, que la section de philosophie de l'Ecole des Hautes Etudes a été créée au XIXᵉ. Fidèles aux intentions de leurs fondateurs, nos deux maisons se sont fait chacune depuis lors une tradition, qui, sous des différences nécessaires, est pourtant la même. Elle résulte d'une définition commune de notre tâche, conçue comme une recherche patiente et scrupuleuse de la vérité ; recherche orientée vers la découverte, mais attentive à se défendre de la séduction des généralisations hâtives et brillantes non moins que de la tromperie des mots. Seulement, comme l'indique le titre de l'École Pratique qui est le vôtre, vous avez pris, de cette tâche, la part qui vise à l'action la plus proche, la plus féconde en résultats immédiats, je veux dire à la formation de l'esprit scientifique. Vous êtes par destination des initiateurs. N'ayant pas plus que nous le privilège ni le désir de conférer des grades ou de préparer à des examens, vous faites mieux : vous préparez des intelligences ; vous apprenez à vos disciples à travailler en travaillant avec eux. Ce qu'a été à cet égard l'influence de vos leçons, tout le monde aujourd'hui le reconnaît. Vos méthodes se sont imposées, elles ont rayonné autour de vous, elles ont peu à peu transformé tout notre enseignement supérieur. Et la preuve la plus éclatante de votre succès, c'est qu'aujourd'hui toutes nos Facultés sont devenues ou s'efforcent de devenir des Ecoles des Hautes Etudes. Ce qui ne vous empêche pas de garder l'avantage d'une liberté qui a été la cause de votre développement et qui reste votre raison d'être. Il me serait agréable et bien facile de rappeler vos titres d'honneur, si je n'étais arrêté par un scrupule. Votre histoire est trop mêlée à celle du Collège de France pour que je puisse l'en séparer ; et si j'énumérais vos maîtres les plus illustres, j'aurais l'air de vouloir revendiquer une trop large part de ce qui vous appartient. Permettez-moi de vous dire simplement combien le Collège de France est fier de cette union qui se manifeste aujourd'hui même avec tant d'à-propos, puisqu'en apportant mes félicitations à votre éminent président, je les apporte à un de mes plus chers collègues, à un de ceux qui honore le plus par sa science et par son caractère la maison dont je suis extrêmement heureux d'être ici l'interprète.

Maurice CROISET,
Administrateur du Collège de France
au nom de ses collègues.

Ecole Normale supérieure.

MONSIEUR LE PRÉSIDENT,

Au moment où la Section des sciences historiques et philologiques de l'Ecole pratique des Hautes Etudes célèbre son cinquantième anniversaire, c'est un devoir pour l'Ecole Normale supérieure de lui apporter, avec ses félicitations, l'hommage de sa reconnaissance.

Avec toute la France savante, avec tout le monde savant, l'Ecole Normale reconnaît les services éminents que la Section a rendus à la science, dans toutes les branches de l'histoire et de la philologie.

Dans ces petites salles, dans ces conférences où un contact si étroit s'établit entre le maître et le petit groupe d'élèves, s'entretiennent efficacement le désintéressement scientifique, l'ardeur des recherches, le respect et la connaissance des méthodes critiques. Jamais rendement plus fort n'a été obtenu avec moins de personnel et moins d'argent.

L'Ecole Normale est fière d'avoir fourni à la Section, de tout temps, un grand nombre d'élèves, qui ont fait honneur ensuite, dans leur carrière, aux deux établissements. Plusieurs ont eu des mémoires imprimés dans la *Bibliothèque* de la Section ; je ne nommerai que les morts, ALLINE et de PACHTERE, tombés au Champ d'honneur.

De plus, dans la liste des professeurs de la Section, l'Ecole Normale retrouve des siens, dont plusieurs ont enseigné simultanément dans les deux Ecoles. Faut-il rappeler les noms de BRÉAL, TOURNIER, WEIL, Ernest DESJARDINS, THUROT, RIEMANN, Gabriel MONOD ? Si l'on regarde l'affiche des dernières années, huit ou dix noms de Normaliens y apparaissent.

Interrompues pendant la guerre, les relations de l'Ecole Normale et de la Section des sciences historiques et philologiques ont repris depuis l'armistice. Le Directeur actuel de l'Ecole Normale n'épargnera aucun effort pour les rendre de plus en plus étroites, pour le commun profit de la Section, de l'Ecole, de la Science et de la France.

G. LANSON,
Directeur de l'Ecole Normale supérieure.

Ecole Nationale des Langues Orientales vivantes.

Une même pensée d'un grand ministre, Victor Duruy, a créé l'Ecole pratique des Hautes Etudes et réformé l'Ecole des Langues Orientales.

Le décret du 31 juillet 1868 fondait votre maison. Le décret du 8 novembre 1869 reconstruisait la nôtre.

« La philologie comparée dans ses rapports... avec les langues anciennes ou vivantes des diverses contrées du globe » ; l'étude philologique « des langues encore en usage dans les diverses parties de l'Asie » : tels étaient, aux termes mêmes du règlement intérieur qui vous fut donné, quelques-uns des principaux objets proposés à vos recherches. Ces objets, rapprochant nos études des vôtres, nous faisaient un devoir de collaborer avec vous. Cette collaboration a été et demeure notre fierté.

Collaboration des maîtres, collaboration des élèves, mêlant leurs noms dans les cadres d'enseignement comme sur les listes d'inscription, dans les tables des matières de vos publications et des nôtres, et jusque dans la glorieuse énumération de ceux qui sont morts pour la Patrie.

L'œuvre de l'Ecole des Hautes Etudes a été merveilleusement féconde. Le volume qu'elle publie pour commémorer son cinquantenaire forme le deux cent trentième fascicule de sa *Bibliothèque* ; et il n'est pas de collection d'ouvrages dont notre pays puisse s'enorgueillir à de plus justes titres. Vous avez repris la tradition des grands érudits, des grands historiens des xvie et xviie siècles français. Fidèles à l'esprit du mandat que vous aviez reçu, vous avez « donné l'impulsion », proclamant ou renouvelant les méthodes. Vous avez magnifiquement travaillé.

Pénétrée de l'espoir que les liens qui l'unissent à l'Ecole des Hautes Etudes seront, dans l'avenir, plus étroits encore qu'ils ne l'ont été dans le passé, heureuse de lui porter autant d'admiration qu'elle lui doit de gratitude, l'Ecole des Langues Orientales prie l'Ecole des Hautes Etudes d'accepter, en ce jour de commémoration, ses souhaits les plus cordiaux, les plus sincères.

Paul BOYER,
Administrateur de l'École des Langues Orientales.

Ecole Nationale des Chartes.

L'Ecole des Chartes et la Société de l'Ecole, au moment où l'Ecole pratique des Hautes Etudes célèbre le cinquantenaire de sa fondation, sont heureuses de s'associer à cette manifestation scientifique. Depuis un demi-siècle, les deux Ecoles ont eu une vie d'études communes. La majeure partie des élèves de l'Ecole des Chartes ont été au nombre de ceux de l'Ecole des Hautes Etudes ; 43 chartistes en sont élèves diplômés ; 16 d'entre eux y ont professé. Les noms d'Arthur Giry, d'Antoine Héron de Villefosse, de Gaston Paris, de Jules Roy, de Jules Soury rappellent combien a été féconde cette collaboration. L'Ecole des Chartes et la Société de l'Ecole souhaitent longue vie et prospérité à l'Ecole pratique des Hautes Etudes, espérant de cette coopération entre elles des fruits féconds pour la gloire de la science historique française.

Maurice PROU,   E. LEFÈVRE-PONTALIS,
Directeur de l'Ecole des Chartes.   *Président de la Société de l'Ecole*
                                       des Chartes.

Institut Catholique.

Monsieur et honoré Confrère,... Je n'ai pas oublié que je suis moi-même l'élève de la Section historique et philologique, cours de MM. Desjardins et Roy. Je serais donc très volontiers allé prendre ma place parmi d'anciens condisciples, si je n'avais pris des engagements pour le 1er décembre. Plusieurs de nos professeurs se rendront à la cérémonie et au banquet. Mais puisque M. le Président de la Section a demandé un représentant, sinon officiel, du moins particulièrement autorisé, de l'Institut Catholique, le Conseil de notre Faculté des Lettres est tombé d'accord avec moi pour désigner M. l'abbé Rousselot, le bien connu professeur de phonétique expérimentale. Il nous représentera fort dignement dans ce milieu savant...

Alfred BAUDRILLART,
Recteur de l'Institut Catholique.

Monsieur le Président, Vous me voyez tout désolé de ne pouvoir assister demain à la fête du Cinquantenaire.... Quels souvenirs ont laissés en moi les conférences de Gabriel Monod et d'Auguste Longnon, sans compter celles de Giry et de mon cher maître Haussoullier. Soyez, je vous prie, mon interprète auprès de tous et tenez pour assuré, Monsieur le Président, que je suis du moins de cœur, sinon de corps, avec tous les Maîtres et tous les anciens élèves de cette Maison...

Henri FROIDEVAUX,
Doyen de la Faculté libre des Lettres.

LETTRES DIVERSES

Monsieur le Président et cher Confrère, Je suis très sensible à l'invitation que vous voulez bien m'adresser au nom des Directeurs et des élèves de l'Ecole pratique des Hautes Etudes et j'espère que rien ne m'empêchera de m'y rendre le 1er décembre.

Je serai très heureux de renouveler ainsi le souvenir qui m'est très cher du temps malheureusement trop court que j'ai passé autrefois à l'Ecole comme élève d'Abel Bergaigne et de Hauvette-Besnault...

Léon BOURGEOIS,
Président du Sénat, Membre de l'Institut.

Mon cher Confrère, Merci d'avoir pensé à votre camarade de 1872 pour le banquet du Cinquantenaire. J'aurais aimé à me retrouver avec vous et à évoquer notre vieux maître [Tournier], l'auteur de cette belle thèse trop peu connue sur Némésis, mais je dois m'absenter de Paris dans les derniers jours du mois et ne serai certainement pas revenu le 1er décembre...

Paul BOURGET,
de l'Académie française.

Cher Confrère, Oui, j'ai été l'élève un peu inexact de Jules Soury et, ma foi, je crois pouvoir le dire, l'élève de Marcel Thévenin, au moins du fait des nombreuses conversations qu'il a bien voulu accorder à un jeune homme qui prenait ainsi près de lui des leçons de méthode historique. J'ai la plus haute estime pour votre grande maison, et je regrette que la séance annuelle de l'Académie française ne me laisse pas disposer de mon après-midi, alors que ma soirée, elle aussi, est prise par une réunion dans le XIIe arrondissement...

Maurice BARRÈS,
de l'Académie française.

Bordeaux.

Télégramme. — Monsieur le Président, Empêché par mes devoirs professionnels d'assister au Cinquantenaire de l'Ecole des Hautes Etudes, j'ai l'honneur de présenter à mes maîtres et à mes collègues parisiens l'hommage de ma fidèle pensée. Je fais des vœux ardents pour la fête et pour la prospérité de la grande et noble école de libre recherche scientifique, de probité intellectuelle et morale, dont je suis fier d'avoir été élève.

Professeur REGARD,
Université de Bordeaux.

Clermont-Ferrand.

Mon cher Maître, C'eût été pour moi une grande joie intellectuelle et une vraie satisfaction du cœur d'assister après-demain à la cérémonie du Cinquantenaire...

Laissez-moi du moins vous redire — et par vous à tous ceux qui seront présents — quelle profonde gratitude je garde à cette chère Ecole, surtout à ceux de ses professeurs dont j'ai suivi les leçons, notre si regretté M. Héron de Villefosse, M. Havet, Mgr Duchesne, et vous, mon cher Maître, sans oublier Gaston Paris, toujours si dévoué pour ses élèves.

C'est à l'Ecole que j'ai appris ce qu'est le travail scientifique. S'il m'a été donné dans ma carrière de produire quelque chose d'utile, le principal mérite lui en revient. Qu'elle reçoive donc aujourd'hui l'hommage de ma sincère reconnaissance...

Aug. AUDOLLENT,
Doyen de la Faculté des Lettres de Clermont-Ferrand.

Lille.

Lille, 30 novembre 1921.

Monsieur le Secrétaire, Je vous serais extrêmement obligé de bien vouloir me compter parmi les anciens élèves de la Section d'histoire et de philologie (1910-12) qui s'associeront demain de cœur et d'esprit au Cinquantenaire de cette Ecole à laquelle ils doivent le meilleur de leur valeur scientifique et la pleine impression du plus haut enseignement qui se donne en France.

Demain je ferai connaître à mes étudiants en droit des Facultés libres de Lille la conception élevée de l'histoire et les multiples avantages que présente l'Ecole des Hautes Etudes. Je lirai quelques textes publiés par mon vénéré maître M. Thévenin, ne pouvant devant cet auditoire m'aventurer à prononcer du grec et à parler de ces institutions helléniques que me révéla cet autre bon maître que me fut, et qu'est encore M. Haussoullier.

P. VIARD,
Professeur aux Facultés libres.

Lyon.

La Faculté des Lettres de Lyon prend occasion du Cinquantième anniversaire de la fondation de l'Ecole pratique des Hautes Etudes (Section des sciences historiques et philologiques), pour reconnaître les services rendus par cet établissement à la science et

à l'enseignement supérieur, et adresser au corps enseignant de cette
Ecole ses sincères félicitations [1].

Le Doyen,   **L. CLÉDAT,**
         Ancien élève de l'Ecole des Hautes Etudes.

Strasbourg.

L'Université de Strasbourg s'associe, de toute son âme, à la fête
du Cinquantenaire que célèbre aujourd'hui l'Ecole pratique des
Etudes. Quelques-uns d'entre nous ont été élèves de votre Ecole,
en même temps qu'ils suivaient les cours de la Faculté de Droit, de
la Sorbonne ou de l'Ecole Normale supérieure : ils sont aussi fiers
de leur titre d'« Elève diplômé » que de ceux d'« Agrégé » ou de
« Docteur ». Ils ont contracté envers les Maîtres qui ont illustré
votre Ecole, les Léon Renier, les Gaston Paris, les Henri Weil, les
Gabriel Monod, les Héron de Villefosse et tant d'autres, une dette
de reconnaissance qu'ils se plaisent à proclamer; ils se souviennent avec
émotion de ces « Colloques » où ils étaient associés aux recherches
de tels savants, soit dans les sombres salles de la bibliothèque de
l'antique Sorbonne, soit dans les locaux plus spacieux de la Sorbonne
reconstruite. Dans votre *Bibliothèque*, qui est devenue un incomparable recueil d'érudition, vous avez accueilli les premiers essais de
quatre d'entre nous et d'autres fascicules sont signés du nom de
M. Sylvain Lévi, professeur au Collège de France, qui a bien
voulu accepter le titre de Directeur des études orientales à notre
Université. Vos anciens élèves vous adressent leurs remerciements
personnels, mais notre Université de Strasbourg, en sa collectivité,
vous remercie de la grande réforme que vous avez accomplie : vous
avez remis en honneur les travaux d'érudition, les vraies méthodes
d'investigation, les études désintéressées; grâce à vous, un esprit
nouveau a animé notre enseignement supérieur, sans qu'il y ait
rien perdu de ses qualités de mesure, de finesse et d'élégance.
Nous voudrions, à Strasbourg, nous inspirer de votre exemple ; déjà,
la Faculté des Lettres a fondé une *Bibliothèque* de publications à
l'imitation de la vôtre ; puisse cette *Bibliothèque* acquérir, dans la

---

1. Motion proposée par M. Raymond Cahen, et adoptée par l'Assemblée de la
Faculté des Lettres de Lyon, le 8 novembre 1921, à l'unanimité des vingt-cinq
présents.

suite des temps, le même renom scientifique ! L'un des vôtres qu'au jour de notre inauguration, le 22 novembre 1919, nous avons proclamé professeur honoraire, le grand historien d'Alsace, M. Rodolphe Reuss, peut vous dire que le passé de notre Université est chargé de gloire. Formés à votre école ou selon vos principes, nous avons l'ambition de ne pas paraître indignes de nos prédécesseurs du XVIIIᵉ et du XIXᵉ siècle, ni de la tâche que la France nous a confiée dans notre Alsace redevenue terre française.

Strasbourg, le 1ᵉʳ décembre 1921.

S. Charléty,
Recteur d'Académie,
Président du Conseil de l'Université.

BELGIQUE

Bruxelles.

Monsieur,... C'est avec joie que nous acceptons votre gracieuse invitation, et nous avons prié notre Protecteur M. Léon Leclère, Professeur ordinaire à la Faculté de Philosophie et Lettres, d'être parmi vous le 1ᵉʳ décembre, et de vous exprimer, en même temps que notre vive sympathie, les vœux sincères que nous formons pour l'avenir de l'Ecole pratique des Hautes Etudes et de sa section des sciences historiques et philologiques...

Charlier,
Recteur.

Gand.

Monsieur le Président et cher Confrère, C'est avec le plus vif regret que je me vois dans l'impossibilité d'assister le 1ᵉʳ décembre au banquet organisé à l'occasion du Cinquantenaire de l'Ecole pratique des Hautes Etudes. Ancien auditeur des cours de l'Ecole, je lui conserve la plus vive reconnaissance pour tout ce que je lui dois de ma formation scientifique et pour les amitiés précieuses que j'y ai contractées. Mais des devoirs pressants me retiennent à Gand le 1ᵉʳ décembre et je dois renoncer à la joie que j'aurais eue de représenter notre Université à une solennité à laquelle je ne pourrai m'associer qu'en pensée.

M. le professeur Alph. Roersch assistera au banquet comme délégué de l'Université de Gand....

H. Pirenne,
Recteur sortant de l'Université de Gand.

Liége.

Monsieur le Président, Dans le concert universel de louanges et
de félicitations qui s'élève en ce jour à la gloire de l'Ecole pratique
des Hautes Etudes, l'Université de Liége, heureuse et fière de pouvoir se dire l'une des plus françaises parmi les Universités étrangères, s'honore de faire entendre aussi sa voix. Une fois de plus, elle
s'empresse d'apporter à la France le témoignage enthousiaste de sa
reconnaissance et de son admiration.

Au milieu de cette ascension générale qui s'est manifestée au
siècle passé vers la science désintéressée dans toutes ses activités
et dans l'application de ses nouvelles méthodes d'investigation,
l'École des Hautes Etudes, centre ardent de libres recherches, ne
tarda pas à se mettre au premier rang, suscitant une pléiade de
maîtres éminents, rénovant le haut enseignement, jusqu'alors trop
soumis au goût des amplifications oratoires, y faisant pénétrer cette
érudition minutieuse, ces travaux précis et documentaires, collaboration constante du maître et des élèves, qui ont fait avancer à pas
de géants toutes les disciplines scientifiques.

Et c'est ainsi qu'après cinquante années d'existence, elle peut
déjà se retourner fièrement vers le passé et contempler la grande
œuvre accomplie.

Ouverte à tous les travailleurs avides de savoir positif, à tous
ceux qui, sans préoccupation d'examens et de diplômes, sont guidés
par le seul amour d'une science préférée, on peut dire que la glorieuse Ecole a vu défiler, dans ces modestes locaux, l'élite intellectuelle du monde entier.

Elle y vient, au contact des leçons et des exemples des plus
illustres représentants de la science française, apprendre à étudier. A
notre Université de Liége, parmi ceux qui ont la charge de ses des-
tinées, il en est peu qui n'aient d'abord été, modestes disciples,
demander à ces maîtres la confirmation et le développement de
leurs premières connaissances. Et, religieusement, les plus distingués de nos étudiants d'aujourd'hui vont reprendre, sur les bancs

que viennent de quitter leurs aînés, des places qui jamais ne resteront vides.

Pour eux, comme pour leurs professeurs vieillis à la tâche, la France est toujours, et plus que jamais, la mère des grandes idées qui ont fécondé le monde intellectuel. Et ils se glorifient et se réjouissent d'aller lui porter à tour de rôle l'hommage filial d'une gratitude et d'une affection chaque jour plus ardentes et plus profondes.

Veuillez recevoir, Monsieur le Président, l'expression chaleureusement confraternelle de nos sentiments de haute estime et de considération très distinguée.

Liége, le 26 novembre 1921.

Pour le Conseil académique :

A. DOUTREPONT,
Secrétaire du Conseil.

Ch. DEJACE,
Recteur.

Louvain.

... J'aurais vivement désiré me charger de représenter moi-même l'Université de Louvain à cette cérémonie et porter à l'Ecole l'hommage de nos félicitations et de notre reconnaissance. Mais je ne trouve pas le moyen de m'absenter à cette date. J'ai donc prié M. le Professeur Poullet, ancien Ministre des sciences et des arts de Belgique, d'être notre délégué, et il a bien voulu accepter cette mission....

P. LADEUZE,
Recteur de l'Université.

FINLANDE

Télégramme de Helsingfors : Hommage reconnaissant d'un ancien élève.

Axel WALLENSKOELD.

Télégramme de Stockholm : Sincères félicitations, reconnaissant souvenir, évoque ineffaçable image de Gaston Paris.

SOEDERHIELM,
Ministre de Finlande.

GRANDE-BRETAGNE

Londres, 9 novembre 1921.

Cher Monsieur Bémont, Si j'avais pu être à Paris le 1er décembre prochain, où vous vous proposez de célébrer le 50ᵉ anniversaire de l'Ecole pratique des Hautes Etudes, j'aurais été très heureux, en qualité d'ancien élève [1889] de cette célèbre Ecole de science historique [of this famour school of historial science], d'assister au banquet et d'exprimer de tout mon cœur mon sentiment d'admiration pour les grands services que l'Ecole a rendus et continue de rendre à la connaissance de l'histoire... Bien que mes fonctions officielles me rendent difficile de me tenir au courant, comme j'aurais aimé à le faire, des progrès des études historiques en France, je reste fier de me compter parmi les élèves de l'Ecole des Hautes Etudes. Je fais des vœux sincères pour sa prospérité et je vous serais obligé de présenter mes salutations aux étudiants que rassemblera auprès de vous la célébration de son Cinquantenaire.

Herbert FISHER,
*Ministre de l'Instruction publique
dans le Cabinet britannique.*

Monsieur le Président, C'est avec le plus grand plaisir que nous, un petit groupe de dames, qui avons professé ou qui professons actuellement à l'Université d'Oxford, nous présentons nos sincères félicitations à l'Ecole pratique des Hautes Etudes de Paris, le jour où elle célèbre le cinquantième anniversaire de sa fondation. Nous voulons témoigner notre reconnaissance pour le généreux accueil que nous avons reçu, comme élèves de l'Ecole, pour l'inlassable appui que nous avons toujours trouvé chez ses professeurs, pour l'enseignement que nous avons reçu d'eux. Nous avons été admises à profiter d'un des plus appréciables avantages offerts par l'Université de Paris, celui de nous initier aux méthodes de recherche et de critique appliquées à l'étude de l'histoire et de la philologie par une intime association de travail avec quelques-uns des plus célèbres parmi les érudits français [with some of the most famous of french scholars]. Nous avons reçu d'eux des leçons inoubliables, des leçons qu'à notre tour nous avons essayé de mettre en pratique dans notre enseignement en

Angleterre. Pendant ces quinze dernières années, quatre parmi les cinq ou six dames qui ont enseigné à Oxford l'histoire et la philologie ont dû la plus grande part de leur formation post-universitaire à l'enseignement de Paris. Bien que la guerre ait forcément interrompu le pèlerinage des étudiantes anglaises à Paris, nous nous réjouissons de savoir que de nouveau six au moins de nos anciennes élèves profitent actuellement des avantages auxquels nous attachons un si haut prix.

Peut-être sera-t-il indiscret de prononcer des noms, là où le gracieux accueil et l'assistance dont nous venons de parler ont été universels; nous ne pouvons pas cependant nous empêcher d'apporter notre tribut à la mémoire de Gaston Paris et d'exprimer un témoignage spécial de gratitude à MM. Bémont et Lot. Par leur profonde connaissance de l'histoire d'Angleterre, ils ont un droit tout particulier à la reconnaissance des historiens anglais et de tous ceux qui apprécient la valeur de relations cordiales entre nos deux grandes nations.

Un de nos poètes modernes a dit : « Les jours qui nous font heureux nous font sages. » Nous ne doutons pas que nos heureux ours d'étude à Paris, où nous avons appris à connaître aussi la gaieté et le charme de votre cité, la ferme impartialité et l'unique souci de la vérité qui inspirent vos historiens, n'aient fait de nous des citoyens du monde meilleurs et plus sages. Aussi voulons-nous renouveler nos félicitations à l'Ecole et nos vœux les plus sincères pour son avenir.

Ont signé : Mlle Eleonor LODGE, directrice de Westfield College (Université de Londres), auparavant sous-directrice et professeur d'histoire à Lady Margaret Hall, Oxford.

Mlle Béatrice A. LEES, auparavant professeur d'histoire à Somerville College, Oxford, et répétitrice à l'Université de Manchester.

Mlle Mildred K. POPE, docteur de l'Université de Paris, professeur de français, Somerville College, Oxford.

Mlle A. Elisabeth LEVETT, sous-directrice et professeur d'histoire à Saint-Hilda's Hall, Oxford.

Mlle Florence M. WOODWARD, auparavant professeur d'histoire au College Somerville, Oxford.

The Chantry, Shaftesbury (Dorset), 11 août 1921.

...Puis-je exprimer le désir que la réunion soit assez importante pour représenter toutes les catégories d'anciens élèves. Je pense que le nombre de ceux qui partagent mes sentiments — une gratitude vraiment inexprimable envers nos maîtres et l'amour de l'Ecole — peut difficilement être calculé. En ma qualité d'étrangère venue à l'Ecole, quand ma jeunesse était passée pour y apprendre les meilleures leçons de toute une vie, puis-je oser dire qu'il n'y a pas un jour où je ne me sois souvenue, dans mes travaux personnels ou dans mon enseignement, des inoubliables leçons, des conseils et des encouragements de ceux qui ont fait l'Ecole ce qu'elle est. Je pense que c'est pour moi un honneur de posséder un certificat attestant que je fus élève titulaire en 1896...

Mrs. Mabel H. Bode,
Ancien professeur à l'Université de Londres.

INDES ANGLAISES

Télégramme de Santiniketan : Vivat schola nostra.

Sylvain Lévi.

ITALIE

Télégramme de Rome : Ecole française de Rome, que tant de liens rattachent à l'Ecole des Hautes Etudes, lui envoie ses meilleurs vœux occasion Cinquantenaire.

Duchesne,
Directeur de l'Ecole française de Rome.

PAYS-BAS

Monsieur le Président. L'Université d'Amsterdam s'associe de grand cœur à la fête que la Section des sciences historiques et philologiques de l'Ecole des Hautes Etudes va célébrer le 1er décembre. Elle connaît les services éminents que, pendant plus de cinquante ans, cette institution a rendus à la science, en habituant ses jeunes élèves au travail personnel et désintéressé et en faisant d'eux les collaborateurs des maîtres. Nombreux sont ceux, Français et étrangers, qui, de ce travail fait seul ou en commun, ont retiré pour toute leur vie de savant et de professeur un profit inestimable. Parmi eux notre collègue Salverda de Grave se félicite d'avoir été élève de votre Ecole.

Veuillez agréer, Monsieur le Président, avec nos vœux les plus sincères pour un avenir de votre Ecole aussi glorieux que l'était le passé, l'expression de notre considération la plus distinguée.

Pour l'Université d'Amsterdam,

J. H. Scholte,
Secrétaire.

J. Wertheim Salomonson,
Recteur.

Cher Monsieur, Il ne me sera malheureusement pas possible d'être là le 1ᵉʳ décembre... Et pourtant je sens le besoin d'exprimer tout ce que je dois pour ma formation intellectuelle aux grands maîtres dont j'ai suivi les conférences pendant près de deux ans et qui m'ont initié aux saines méthodes de la science française. C'est avec une reconnaissance émue que je pense à la belle hospitalité que l'Ecole des Hautes Etudes nous offre à nous autres étrangers ; c'est dans ce lieu surtout que j'ai appris à aimer et à admirer l'esprit français. Je tiens à joindre ce témoignage de reconnaissance aux nombreux autres qui vous viendront sans doute de France aussi bien que de l'étranger.

K. Sneyders de Vogel,
Professeur de philologie romane à l'Université de Groningue.

Leiden, 26 novembre 1921.

Monsieur le Président,... Etant dans l'impossibilité d'être personnellement l'interprète des sentiments de l'Université de Leyde à l'égard de votre célèbre Ecole, je suis heureux d'avoir l'occasion de vous témoigner par cette lettre les sentiments de reconnaissance avec lesquels beaucoup d'entre nous se rappellent ce qu'ils doivent à l'enseignement de l'Ecole pratique des Hautes Etudes, dont la grande hospitalité envers les étrangers a toujours été hautement appréciée par nous.

Permettez-moi, Monsieur le Président, d'exprimer ici, au nom du Sénat de l'Université de Leyde, nos vœux les plus sincères pour la prospérité future et si bienfaisante de votre Section.

Snouck Hurgronje,
Recteur de l'Université.

POLOGNE

Varsovie, le 30 novembre 1921.

Monsieur le Secrétaire, vu l'impossibilité d'être représentée au cinquantenaire de l'École pratique des Hautes Études, l'Université de Varsovie prie l'École pratique de vouloir bien accepter ses sincères vœux d'un développement ultérieur aussi riche et noble que celui que l'École pratique a déjà pu enregistrer dans ses annales remarquables durant les quelques décades de son existence.

J. Mazurkiewicz,
Recteur de l'Université de Varsovie.

Cracovie, le 30 novembre 1921.

...Nous ne pouvons, à notre grand regret, envoyer aucun délégué à Paris pour prendre part à la fête du cinquantième anniversaire de la fondation de l'Ecole pratique des Hautes Etudes.

Je vous prie infiniment, Monsieur le Secrétaire, de recevoir tous mes vœux pour la suite des travaux d'une institution si connue et si appréciée dans tout l'univers, ainsi que l'expression de ma haute considération.

Julien Nowak,
Recteur de l'Université de Cracovie.

PORTUGAL

Lisbonne, le 30 septembre 1921.

Monsieur, Je renonce au plaisir de prendre part aux fêtes de votre Ecole des Hautes Etudes ; je le regrette bien sincèrement. A l'occasion, je pourrais dire les bienfaits d'ordre intellectuel que je dois à votre Ecole et à l'esprit français. L'empreinte reçue m'a toujours guidé dans mes travaux d'érudition, et ce que je suis, je le dois à la France.

De loin je m'associe en esprit aux fêtes de l'Ecole et fais des vœux ardents pour qu'elle continue, comme par le passé, à former de jeunes esprits qui seront l'honneur de la France et de la science,...

David Lopès,
Professeur à l'Université de Lisbonne.

SUÈDE

Upsal, 30 novembre 1921.

L'Université d'Upsal envoie, à l'occasion du Cinquantenaire, à la Section historique et philologique de l'École des Hautes Études ses chaleureuses félicitations èt exprime son espoir que cette célèbre école, dont l'activité, poursuivant toujours des buts élevés, a atteint des résultats d'une si haute importance, remplira à l'avenir avec le même succès sa tâche au service de la culture humaine.

SLADENOW,
Recteur.

Télégramme : Élève admirateur de la générosité toute française et de la méthode parfaite de l'École, adresse aux inoubliables maîtres et amis morts gratitude émue et aux Directeurs et chercheurs distingués actuels vœux reconnaissants rappelant heureuses heures, sereines, fécondes dans grande Sorbonne. Vivat Direction magistrale et recherches libres, méthodiques, intrépides de l'École Hautes Etudes.

Nathan SŒDERBLOM,
Archevêque, prochancelier de l'Université d'Upsal.

Télégramme : Conscients de l'importance capitale qu'a eue pour leur éducation philologique l'enseignement des maîtres de l'École des Hautes Études, les soussignés, romanistes d'Upsal, envoient à l'occasion du Cinquantenaire l'expression de leur reconnaissance avec leur vœu pour le brillant avenir de l'École.

STAAFF, WAHLGREN, KJELLMAN, NORDFELT, EKBLOM,
EUREN, HŒGBERG, TAUBE, RINGENSON, KALLIN.

SUISSE

Monsieur le Président et Messieurs,

L'École pratique des Hautes Études, aux termes du décret de fondation du 31 juillet 1868, a « pour but de placer à côté de l'enseignement théorique les exercices qui peuvent le fortifier et l'étendre ». Suivant le règlement encore en vigueur, « la Section d'histoire et de philologie a pour objet de diriger et de préparer les jeunes gens qui désirent se consacrer aux travaux d'érudition... Les élèves trouvent auprès de leurs professeurs des conseils et des directions pour leurs travaux personnels ».

Ces quelques lignes, sèches comme un décret, suffiraient pour faire comprendre, à quiconque sait interpréter un texte, qu'à l'École pratique des Hautes Études le travail se poursuit doublé d'un commerce amical et confiant entre maîtres et élèves.

C'est pourquoi, aujourd'hui, nous regardons l'École des Hautes Études avec une profonde reconnaissance. D'année en année nous comprenons mieux ce qu'elle a été pour nous et ce que nous lui devons.

Nous y avons trouvé des conseillers et des directeurs. Nous leur apportions notre jeunesse, ils nous faisaient part de leur savoir, de leur expérience. Nous apprenions d'eux à reconnaître nos erreurs et nos témérités ; nous apprenions que la science est un perpétuel devenir ; nous apprenions que le savoir a des limites au delà desquelles l'érudit intègre doit reconnaître son ignorance ; nous apprenions... Que n'apprenions-nous pas avec ces amis vénérés, nos maîtres, qui donnaient confiance aux uns et tempéraient l'ardeur des autres !

Ce ne sont pas seulement les méthodes que vous nous avez enseignées, chers Maîtres — et ici nous nous adressons également aux disparus, si vivants dans notre souvenir qu'il nous semble les voir encore à cette heure parmi vous.

Votre exemple nous a dévoilé le côté moral de l'érudition ; vous nous avez inculqué le respect de la vérité, à laquelle ne doit pas être portée la plus légère atteinte, ni pour appuyer une idée préconçue, ni pour justifier une hypothèse tentatrice.

Votre désintéressement, la solidarité dont vous avez bien voulu nous honorer nous ont fait comprendre que, si c'est une joie d'approcher de la vérité, c'est une joie, peut-être plus grande, de soutenir les autres dans cette ascension.

Quelle charmante et féconde liberté entre maîtres et élèves, confondus autrefois dans la Bibliothèque de la Sorbonne, simple et austère, aujourd'hui dans des salles plus somptueuses !

La France a généreusement ouvert les portes de l'École à tous les étrangers. Les Suisses, nombreux dès le début, s'y sont toujours sentis entourés d'une cordialité particulière. Plusieurs d'entre eux ont eu l'honneur d'y enseigner aux côtés de leurs maîtres français : les noms d'un Charles Morel, d'un Jules Nicole, d'un Émile Baudat, d'un Ferdinand de Saussure sont demeurés chers à vos cœurs comme aux nôtres. Ainsi ont été noués entre l'École et ses élèves suisses des liens de la nature la plus élevée, faits de gratitude et d'amitié ; ainsi se resserrent chaque jour les liens qui unissent, de longue date, la France et notre patrie.

Voilà, Messieurs, quelques-unes des raisons pour lesquelles les anciens élèves suisses de l'École pratique des Hautes Études rendent, en ce jour, un hommage ému et reconnaissant à leurs maîtres disparus et expriment aux maîtres actuels, dignes représentants d'une tradition demi-séculaire, leur gratitude pour le passé et les vœux qu'ils forment pour l'avenir de cette École où sont enseignées et pratiquées l'érudition, l'amitié, l'intégrité et la solidarité.

LES ANCIENS ÉLÈVES SUISSES DE LA SECTION

Oskar von Arx, docteur en philologie, professeur au Technicum de Winterthour.

Fernand Aubert, bibliothécaire à la Bibliothèque publique et universitaire de Genève.

Hippolyte Aubert, archiviste-paléographe, Paris.

Charles Bally, professeur à l'Université de Genève.

Frédéric Barbey, archiviste-paléographe, ministre de Suisse à Bruxelles.

Albert Barth, docteur en philosophie, professeur au Lycée de Bâle.

Henri Besançon, inspecteur de l'enseignement secondaire, Lausanne.

Godefroy de Blonay, élève diplômé, privat docent à l'Université de Neuchâtel, château de Grandson (Vaud).

Henri Bochet, licencié ès lettres, Genève.

Alfred Boissier, docteur en philosophie, Chambésy (Genève).

Henri Borle, professeur au Collège classique et à l'École supérieure des jeunes filles, Neuchâtel.

F. Bouchardy, licencié ès lettres, professeur au Collège et à l'École des jeunes filles, Genève.

Auguste Bouvier, bibliothécaire à la Bibliothèque publique et universitaire de Genève.

Bernard Bouvier, professeur à l'Université de Genève, membre du Comité international de la Croix-Rouge.

André Bovet, directeur de la Bibliothèque de la ville de Neuchâtel.

Pierre Bovet, professeur à l'Université de Genève, directeur de l'Institut J.-J. Rousseau.

E. Brugger, docteur en philosophie, Davos.

Guy de Budé, docteur en philosophie, Genève.

Charles Burnier, directeur de la *Gazette de Lausanne*.

Charles Burnier, professeur à l'Université de Neuchâtel.

Ét. Combe, docteur de l'Université de Paris, directeur de la Bibliothèque d'Alexandrie.

Paul Decker, professeur à l'École Normale, Lausanne.

Francis de Crue, docteur ès lettres de Sorbonne, professeur à l'Université de Genève.

Wilhelm Degen, docteur en philosophie, rédacteur aux *Basler Nachrichten*.

Henri Delarue, bibliothécaire à la Bibliothèque publique et universitaire de Genève.

Waldemar Deonna, professeur à l'Université et directeur de l'École des Beaux-Arts de la Ville de Genève.

Eugénie Droz, élève diplômée, Paris.

Théophile Dufour, archiviste-paléographe, docteur ès lettres, directeur honoraire des Archives et de la Bibliothèque de Genève.

Émile Eggenschwiler, professeur au Lycée de Soleure.

Adèle Eggimann, née Bouvier, Paris.

Édouard Favre, élève diplômé, docteur en philosophie, Genève.

Léopold Favre, Genève.

Paul Fink, professeur à l'École cantonale et conservateur du Musée des Beaux-Arts, Winterthour.

Alexis François, docteur de l'Université de Paris, professeur à l'Université de Genève.

Jean Franel, professeur au Gymnase classique, Lausanne.

E. Fromaigeat, docteur en philosophie, professeur au Technicum de Winterthour.

Louis Gauchat, professeur à l'Université de Zurich.

Léopold Gautier, docteur ès lettres, professeur à l'École Nouvelle, Lausanne.

Louis Gignoux, docteur en philosophie, professeur au Collège de Winterthour.

Charles GILLIARD, directeur du Gymnase classique, Lausanne.

Henry GODET, ancien professeur à l'École Alsacienne, directeur du Collège de Vevey.

Karl GÖHRI, docteur en philosophie, professeur au Lycée de Zurich.

Th. GUBLER, docteur en philosophie, professeur au Gymnase de Bâle.

Ernest HÆRLE, professeur à l'École cantonale, Zurich.

R. HERCOD, docteur ès lettres, directeur au Bureau international contre l'alcoolisme, Lausanne.

William HIRSCHY, directeur de la Bibliothèque publique de La Chaux-de-Fonds.

J. U. HUBSCHMIED, docteur en philosophie, professeur à l'École normale de Küsnacht (Zurich).

Paul HUMBERT, doyen de la Faculté de théologie de l'Université de Neuchâtel.

K. JABERG, professeur à l'Université de Berne.

Jules JEANJAQUET, professeur à l'Université de Neuchâtel.

Maurice JEANNERET, docteur ès lettres, professeur au Collège latin de Neuchâtel.

Gustave JÉQUIER, élève diplômé, professeur à l'Université de Neuchâtel, correspondant de l'Institut.

Paul JOURDAN, docteur ès lettres, Westoe Secondary School, South Shields (Angleterre).

J. JUD, professeur à l'Université et au Lycée de Zurich.

Alfred JUVET, docteur en philosophie, professeur au Collège et privat-docent à l'Université de Genève.

Werner KAUFMANN, docteur en philosophie, professeur à l'École des jeunes filles, Genève.

Clara KELLER-HÜRLIMANN, docteur en philosophie, directrice du Schülerheim, Oetwil am See (Zurich).

Wilhelm KELLER-KÜRLIMANN, docteur en philosophie, directeur du Schülerheim, Oetwil am See (Zurich).

Léon KERN, vice-directeur des Archives fédérales, Berne.

Pierre KOHLER, docteur ès lettres, professeur au Gymnase littéraire et chargé de cours à l'Université de Berne.

Jean LARGUIER DES BANCELS, professeur à l'Université de Lausanne.

J. LE COULTRE, professeur à l'Université de Neuchâtel.

Ch. LÜCHSINGER, professeur à l'École cantonale de Saint-Gall.

Ernest Lugrin, ancien professeur à Bâle, Lausanne.

Paul-E. Martin, docteur ès lettres, archiviste de l'État, privat-docent à l'Université de Genève.

Louis Mayor, pasteur à Cully (Vaud).

Alfred Mercier, professeur à l'École des jeunes filles et privat-docent à l'Université de Genève.

Henri Meylan-Faure, professeur à l'Université de Lausanne.

Horace Micheli, docteur ès lettres, directeur du *Journal de Genève*.

Ernest Muret, élève diplômé, professeur à l'Université de Genève.

Maurice Muret, correspondant de l'Institut, Paris.

Hans Nabholz, archiviste de l'État, Zurich.

Max Niedermann, professeur aux Universités de Bâle et de Neuchâtel.

Paul Oltramare, professeur à l'Université de Genève.

Édouard Payot, directeur du Collège classique, Lausanne.

Jean-Louis Perrenoud, professeur au Gymnase de La Chaux-de-Fonds.

Arthur Piaget, élève diplômé, professeur à l'Université de Neuchâtel.

William Rappard, professeur à l'Université de Genève, directeur de la Section des Mandats à la Société des Nations, ancien professeur adjoint à l'Université Harvard.

Charles de Rham, professeur au Collège d'Yverdon (Vaud).

Alfred Roulin, professeur à l'École de commerce, Lausanne.

Alfred Rufer, éditeur de Recueil officiel des actes de la République helvétique, Archives fédérales, Berne.

Jean-Jacques Schneider, bibliothécaire et professeur à l'Université de Bâle.

Otto Tanner, professeur à l'École cantonale, Coire.

Ernest Tappolet, professeur à l'Université de Bâle.

A. Taverney, doyen de la Faculté des lettres de l'Université de Lausanne.

Albert Vogt, docteur ès lettres, curé de Notre-Dame, Genève.

Ernest Walser, professeur à l'Université de Bâle.

W. von Wartburg, docteur en philosophie, professeur au Lycée d'Aarau, privat-docent à l'Université de Berne, membre correspondant de l'Institut d'estudis catalans de Barcelone.

W. Wartmann, docteur de l'Université de Paris, conservateur du Musée des Beaux-Arts et secrétaire de la Société des Beaux-Arts de Zurich.

René DE WECK, premier secrétaire de la Légation de Suisse à Paris.
Albert WELLAUER, privat-docent à l'Université de Lausanne.
J.-J. WYSS, docteur en philosophie, Zurich.

Bâle.

Universitas Basiliensis scholae ˙summorum studiorum Parisinae,
S. P. D.

Cordi est Universitati Basiliensi natalia Scholae summorum studiorum Parisinae iam felicissimo decem lustrorum numero redeun-
tia fideli memoria celebrare et amica gratulatione prosequi. Cum
omnes disciplinae maximeque illae, quas classis philologo-historica
vestrae scholae amplectitur, inde a saeculo p. Chr. n. quinto decimo
in nostra Universitate sedes habuerint, spiritualis cuiusdam propin-
quitatis vinculo ita coniuncti esse nobis videmur, ut pro sorore
natu minore vota natalicia familiariter liceat concipere : precamur ·
ergo genium tutorem, ut artium et studiorum fructus uberrimos
vobis praestet, precamur Minervam, quod est lumen et praesidium
litterarum, ut vestrae scholae propitia fautrix maneat eamque pul-
cherrimis ingenii ornamentis decorare pergat. Nam ut operae vestrae antea in studia collatae optimos eventus nos summopere admi-
ramur et gratissimo animo ipsos eorum participes esse profitemur,
ita confidenter speramus vos etiam futuris temporibus laetarum sege-
tum messem in horreis litterarum condituros esse, unde tota huma-
nitas artibus studiisque dedita sibi subsidia petat. Helvetii certe non
pauci tam professores quam studiosi hoc die festo gratias agunt
quam maximas quod ab excellentissimis vestrae scholae magistris
eruditi et ad studia sponte sua suaque ratione tractanda inpulsi
sunt. Qui omnes memoriam accepti beneficii animo recolere nun-
quam desistent. Hanc tam praeclaram tam utilem studiorum socie-
tatem plurimum nostra interesse rati rogamus ut vos, viri doctis-
simi, liberalissimum illud litterarum commercium cum universita-
tibus Helveticis sustineatis et quoad fieri possit, augeatis. Nam
persuasum habemus nisi foederata omnium bonorum fide et socia-
tis doctorum studiis effici non posse, ut litterae scientiaeque a peri-
culis ex adflicto temporum statu surgentibus defendantur.

Omnia denique quae huiusce epistulae brevi forma magis notan-
tur quam enarrantur, ut oratoris viva vox vobis interpretetur,

ipsum virum magnificum, rectorem nostrae Universitatis delegamus, ut vobis diem natalem agentibus intersit. Quem ut ea qua soletis benevolentia accipiatis, amice et libenter rogamus.

Dabamus Basileae mense novembri anni MCMXXI.

RECTOR et SENATUS
Universitatis Basiliensis.

Berne.

Nous nous associons à l'hommage qui sera rendu à l'École pratique des Hautes Études par de nombreuses institutions et sociétés savantes et nous formons les vœux les plus sincères pour sa prospérité future....

P. GRUNER,
Recteur de l'Université de Berne.

Fribourg.

Monsieur le Président,... Nous aurions été heureux de vous adresser, à l'occasion de votre glorieux Cinquantenaire, un délégué officiel, qui vous aurait transmis de vive voix les félicitations et les vœux de l'Université de Fribourg; malheureusement les cadres trop restreints de notre corps enseignant ne nous permettent pas des interruptions de cours au milieu du semestre. Aussi le Sénat académique m'a-t-il chargé de vous adresser par écrit nos meilleurs vœux et nos bien sincères félicitations. Nous souhaitons à votre illustre institution un avenir digne de son beau passé et à votre fête une réussite pleine et entière.....

Dr A. GOCKEL,
Recteur.

Genève.

MONSIEUR LE PRÉSIDENT,
MESSIEURS ET CHERS COLLÈGUES,

Lorsqu'en 1909 notre Université a célébré le trois cent cinquantième anniversaire de la fondation de l'Académie de Calvin, l'École pratique des Hautes Études s'est associée à cette solemnité, en y déléguant le regretté Gabriel Monod et en nous dédiant la belle édition · de l'*Institution chrétienne* publiée sous la direction de M. Abel Lefranc. Dans l'adresse qu'il a signée, en sa qualité de président de la Section des Sciences historiques et philologiques, Gabriel Monod rappelait quels « liens particuliers la rattachent à Genève et à son Université ». A notre tour, il nous plaît aujourd'hui de nous remémorer les souvenirs de cette collaboration amicale entre nos deux maisons.

Depuis la fondation de l'École des Hautes Études, en 1868, les étudiants genevois ont afflué aux conférences dirigées par les maîtres de l'érudition française. Plusieurs de nos collègues, des morts et des vivants, y ont fait l'apprentissage de leur vocation scientifique et vous sont demeurés attachés par les sentiments d'une profonde reconnaissance et d'une profonde affection. Quelques-uns d'entre eux, avant d'être appelés à l'Université de Genève, avaient eu l'honneur d'enseigner parmi vous. Le souvenir d'un Charles Morel, d'un Jules Nicole, d'un Ferdinand de Saussure nous unit dans la communauté de l'admiration et des regrets.

Par l'entremise de ces maîtres sortis de vos rangs et des élèves formés à vos leçons, l'influence bienfaisante de l'École des Hautes Études s'est exercée chez nous, comme dans les autres pays de langue française. Elle a contribué à vivifier, à renouveler, dans notre Faculté des Lettres, l'esprit et les méthodes de l'enseignement, en y imprimant une direction à la fois plus scientifique et plus pratique, en y développant le rôle des conférences aux dépens de la leçon professée *ex cathedra*.

Le Cinquantenaire que vous allez célébrer est attristé par des deuils cruels. La guerre a privé la Section des Sciences historiques et philologiques de deux de ses maîtres les plus distingués, elle lui a enlevé une soixantaine de ses élèves ou de ses anciens élèves, elle a frappé beaucoup d'entre vous dans leurs plus chères affections. Nous vous prions, chers Collègues, d'agréer l'expression de notre cordiale sympathie, nous rendons hommage à vos glorieux morts et nous souhaitons que les années de paix étendent et enrichissent de plus en plus le patrimoine idéal qu'ils ont défendu par le sacrifice de leurs vies.

En déléguant, pour nous représenter auprès de vous, l'un de vos anciens élèves, le dernier survivant parmi nous de ceux qui ont eu

l'honneur d'être pendant quelque temps vos collaborateurs, nous
sommes assurés qu'il sera le plus chaleureux interprète de nos
sentiments de gratitude et d'amitié et des vœux que nous formons
aujourd'hui pour la prospérité de votre illustre École durant le
second demi-siècle de sa féconde et bienfaisante activité.

G. FULLIQUET,
Recteur.

Télégramme : Scholae vestrae optime de humanioribus studiis
merenti gratulatur pioque animo fausta precatur omnia

OLTRAMARE.

Lausanne.

L'Université de Lausanne saisit avec empressement l'occasion,
qui lui est offerte par le Cinquantenaire de l'École pratique des
Hautes Études, de présenter à celle-ci ses félicitations pour un passé
déjà glorieux et ses vœux pour un avenir prospère.

Fondée, par un ministre que la France compte au nombre de ses
meilleurs historiens, avec des crédits très modestes, sans bâtiment
spécial affecté à ses travaux, l'École pratique des Hautes Études a
donné une des plus remarquables démonstrations des résultats qu'on
peut obtenir sans aucun déploiement extérieur de puissance ou de
luxe. C'est que, dans le domaine de l'esprit, l'esprit compte avant
tout. Dès le début, la valeur des maîtres appelés à enseigner à
l'École pratique lui a assuré sa place au premier rang de tous les
établissements d'instruction supérieure.

La *Bibliothèque de l'École pratique* serait à elle seule une preuve,
s'il était nécessaire d'en produire, de son exceptionnelle activité: Ses
deux cent vingt-neuf fascicules constituent à cette heure une incomparable collection de travaux variés, où l'on retrouve, comme traits
de famille, deux des principes directeurs de l'École : le sérieux de
la recherche et la rigueur de la méthode. Plusieurs de ces études
ont renouvelé le sujet traité, ont complété ou transformé nos connaissances antérieures, et sont devenus des livres classiques. Les
félicitations que l'Université de Lausanne se permet d'en faire à
l'École pratique des Hautes Études ne sont que la reconnaissance de
l'activité déployée par celle-ci dans le domaine des études supé-
rieures.

Mais, à côté de ces sentiments d'ordre général, l'Université de Lausanne en nourrit de plus intimes qu'elle serait ingrate de ne pas exprimer ici. Un grand nombre de membres du corps enseignant vaudois se sont assis sur les bancs de l'École, ouverte aux étrangers avec une admirable libéralité. Tout de suite ils s'y sont sentis chez eux.

Les étudiants vaudois comptaient certes y trouver les qualités qui distinguent le génie français : la grâce alliée à la précision, l'art de ne pas se perdre dans le détail, la faculté de dominer un sujet et de porter partout cette lumière qui est la joie de l'esprit. Ils y ont aussi trouvé la méthode souple à la fois et rigoureuse, la judicieuse critique des sources, la recherche désintéressée de la vérité, la parfaite probité intellectuelle, condition première du développement des connaissances humaines. Ils ont enfin goûté le privilège d'avoir des maîtres de culture latine, des guides intellectuels apparentés à eux par les liens profonds que nouent les similitudes de race, de sentiments instinctifs, de sympathies et de goûts. Accueillis dans un milieu aussi favorable à leur développement intellectuel et humain, ils se sont écriés : Nous sommes chez nous ! et tous ont gardé à l'École une reconnaissance ineffaçable.

Consciente des liens de sympathie qui l'unissent depuis si longtemps à l'École pratique des Hautes Études, l'Université de Lausanne souhaite qu'ils se maintiennent et se resserrent de plus en plus, et elle est heureuse de lui exprimer, avec ses sentiments de haute estime, ses vœux les plus chaleureux pour l'avenir, dont un si fécond passé est le gage certain.

Au nom de l'Université de Lausanne,

A. TAVERNEY,
Doyen de la Faculté des Lettres.

G. CHARMOREL,   Frank OLIVIER,
Chancelier.   *Recteur.*

Neuchâtel.

MONSIEUR LE PRÉSIDENT ET MESSIEURS,

L'École pratique des Hautes Études, Section des Sciences historiques et philologiques, a été fondée le 31 juillet 1868. Deux années auparavant, le 24 mars 1866, le Gouvernement de la République et Canton de Neuchâtel créait une Académie qui, en 1909, s'est transformée en Université. Les deux Écoles ont à peu près le même âge. Il serait dangereux de pousser plus loin la comparaison...

L'Université de Neuchâtel est la plus récente et la plus modeste des Universités.

L'École pratique des Hautes Études est, comme on disait au xve siècle, la « fontaine de science et de sapience, la racine parfonde de vérité, la plante très précieuse de toute humaine saveur et l'escarboucle de gloire qui éclaire et qui resplendit ».

Permettez-nous, toutefois, de constater qu'un lien très étroit — lien spirituel, et, pourrait-on dire, matériel — unit les deux Écoles. Les professeurs de la Faculté des Lettres de l'Université de Neuchâtel, à deux ou trois exceptions près, sont tous d'anciens élèves de l'École des Hautes Études : professeurs d'égyptologie, de sanscrit, de grec, de latin, de linguistique générale, de langues romanes et de littérature française du moyen âge. Ils ont rapporté de votre École non seulement de l'érudition, ce qui serait peu de chose, mais une tournure particulière de l'esprit, nous voulons dire un ardent amour de la vérité joint à une méthode de travail scrupuleuse.

Vos anciens élèves se souviennent, avec émotion et gratitude, des cours qu'ils suivaient dans la vieille École des Hautes Études. Elle était alors logée dans de petites salles poussiéreuses, toutes garnies de livres vénérables de l'ancienne Bibliothèque de la Sorbonne. Ils étaient assis sur des chaises de prolétaires, autour de tables rustiques, éclairés de lampes à l'huile ; au bout de la table, le professeur parlait sans recherche d'éloquence, simplement, comme entre amis. Méthode excellente et féconde, et délicieuse ! École de science et de liberté, sans côtés minuscules, sans diplômes « intéressants », comme diraient les financiers, sans bluff d'aucune espèce !

Au moyen âge, Paris — « Paris sans per » — passait pour « le très noble verger de science ». Il l'est encore aujourd'hui. Mais, à nos yeux, l'arbre, sinon le plus élevé et le plus majestueux, du moins le plus harmonieux, le plus « delitable » de ce verger, c'est l'École des Hautes Études.

Tout cela, les anciens élèves de l'École le racontent à leurs étudiants. Et quand ceux-ci prennent à leur tour le chemin de Paris, les vieux regrettent de n'être plus jeunes et de ne pouvoir partir aussi.

L'Université de Neuchâtel s'associe de tout cœur au cinquantième anniversaire de la fondation de l'École des Hautes Études. Elle lui exprime, à cette occasion, toute sa reconnaissance et toute son admiration.

Neuchâtel, le 1ᵉʳ décembre 1921.

Au nom du
Sénat de l'Université de Neuchâtel,
MECKENSTOCK,
Recteur.

Zurich.

L'Université de Zurich s'associe de tout cœur à l'hommage sincère et ému rendu à l'École des Hautes Études, à l'occasion de son Cinquantenaire. Elle croit y avoir une obligation particulière, grâce aux excellents rapports qui n'ont cessé d'exister entre elle et les collègues français et grâce au grand nombre d'élèves zurichois qui, d'année en année, ont eu le privilège d'achever leurs études à Paris. Parmi ces élèves figure celui qui occupe aujourd'hui, à Bonn, la chaire du fondateur de la philologie romane.

Quelle jouissance exquise pour nos étudiants d'être guidés par des spécialistes qui pénètrent jusqu'au tréfonds de leurs disciplines, de contempler, de cette citadelle de la science, des horizons nouveaux, et quel bienfait, durant toute leur vie, d'avoir appris, par leur propre expérience, jusqu'à quel point l'esprit français sait unir l'exactitude de la recherche à la puissance de la synthèse et à l'élégance de la forme.

L'Université de Zurich est heureuse de proclamer, en ce jour, la dette de reconnaissance profonde contractée vis-à-vis de l'École des Hautes Études ; elle exprime le vœu fervent que ce sanctuaire de la science s'ouvre de plus en plus aux jeunes savants du monde entier, et tout particulièrement de la Suisse.

Rud. FUETER,
Recteur.

TCHÉCO-SLOVAQUIE

Télégramme : L'Université Charles, Prague, envoie ses gratulations sincères à l'occasion du cinquantième anniversaire de l'École des Hautes Études, Section des sciences historiques et philologiques.

NEMEC,
Recteur.

V Brně, dne 30 listopadu 1921.

MONSIEUR LE PRÉSIDENT,

Le Rector magnificus et le Sénat académique de l'Université Masaryk de Brno, République Tchécoslovaque, ont l'honneur de vous adresser leurs félicitations les plus sincères et leurs vœux les plus chaleureux pour le Cinquantenaire que l'École va célébrer ces jours-là.

L'Université Masaryk, qui se trouve parmi les plus jeunes dans les pays libérés de l'Europe centrale, est pénétrée des sentiments de la reconnaissance la plus profonde pour l'œuvre cinquantenaire de l'illustre École qui représente d'une manière brillante la science française.

JANCUF,
Directeur du Bureau.

KUZMAY,
Professeur de chimie inorganique,
Rector magnificus de l'Université.

YOUGO-SLAVIE

Zagreb, 30 novembre 1921.

A l'occasion du cinquantième anniversaire de l'École pratique des Hautes Études, veuillez recevoir nos sincères félicitations. Nous ne doutons pas le moins du monde que l'éternel génie latin, qui anime aussi nos travaux ici, et qui est représenté si brillamment par l'immortelle France, n'enrichisse encore l'humanité future de grandes et belles conquêtes pour la civilisation et le progrès.

Nous regrettons sincèrement, qu'en raison de nombreuses difficultés, nous ne puissions en personne assister à la célébration de votre fête.

Au nom de tous les membres de l'Université yougo-slave de Zagreb,

D. V. VARIČAK,
Recteur.

BANQUET

Le soir un banquet de 240 couverts réunissait, au Palais d'Orléans, les Directeurs et les élèves anciens ou nouveaux, avec les
protecteurs et amis de la Section. M. le Ministre de l'Instruction
publique, empêché au dernier moment, avait délégué M. Coville,
directeur de l'Enseignement supérieur, pour le remplacer. Des
discours et des toasts furent prononcés par M. Havet, puis par
M. Ch. Michel, au nom des délégués belges, par M. Senn, au nom
des Universités de la Suisse, par M. Mauge au nom des élèves.
M. Chatelain, secrétaire de la Section, a lu un certain nombre
d'adresses et de télégrammes envoyés par d'anciens élèves.

A ce banquet assistaient :

MM.

Louis HAVET, président.

COVILLE, représentant le Ministre de
l'Instruction publique.

CAIRE, président du conseil municipal
de Paris.

Gaston DESCHAMPS, président de la
Commission de l'enseignement et des
Beaux-Arts de la Chambre des députés.

Louis FARGES, député du Cantal.

Léon PERRIER, sénateur.

APPELL, recteur de l'Université de
Paris.

BRUNOT, doyen de la Faculté des
Lettres.

LANSON, directeur de l'École Normale
supérieure.

P. BOYER, directeur de l'École des
Langues orientales.

DUPONT-FERRIER, de l'École des Chartes, représentant M. Prou, indisposé.

MM.

L'abbé ROUSSELOT, de l'Institut catholique, représentant Mgr BAUDRIL
LART, empêché.

MANGIN, de l'Institut, président de la 3e
section de l'École des Hautes Études.

TOMBECK, secrétaire des 1re, 2e, 3e
sections.

TOUTAIN, secrétaire de la 5e section.

ALPHANDÉRY, directeur d'études à la
5e section.

Gabriel MILLET, directeur d'études à la
5e section.

BARRAU-DIHIGO, président de l'Association des élèves de l'École.

Le président de l'Association générale
des étudiants de Paris.

Édouard CHAMPION, éditeur de la section.

G. PROTAT, imprimeur principal de la
section.

SENN, recteur de l'Université de Bâle,

MM.

Ernest MURET, professeur à l'Université de Genève.

GOD. DE BLONAY, professeur à l'Université de Genève.

Ed. FAVRE, président de la Soc. d'histoire et d'archéologie de Genève.

Adrien TAVERNEY, recteur de l'Univ. de Lausanne.

A. PIAGET, professeur à l'Univ. de Neuchâtel.

JÉQUIER, correspondant de l'Institut de France.

Louis GAUCHAT, professeur à l'Univ. de Zurich.

SALVERDA DE GRAVE, prof. à l'Univ. d'Amsterdam.

Léon LECLÈRE, prorecteur de l'Univ. de Bruxelles.

POULLET, de l'Univ. de Louvain, ancien Ministre des Sciences et des Lettres de Belgique.

Charles MICHEL, de l'Univ. de Liège, correspondant de l'Institut.

Paul VAN DYKE, président de l'American University Union.

MILWITZKY, de l'Univ. de Columbia.

Émile SENART, membre de l'Institut.

Henri OMONT, membre de l'Institut.

PELLIOT, membre de l'Institut.

Cl. HUART, membre de l'Institut.

L'abbé CHABOT, membre de l'Institut.

Adrien BLANCHET, membre de l'Institut.

VENDRYÈS, prof. à la Faculté des Lettres.

H. PERNOT, prof. à la Faculté des Lettres.

A. MAZON, professeur à l'Université de Strasbourg.

PERROT, professeur à l'Université de Strasbourg.

ERNOUT, prof. à l'Univ. de Lille.

DOTTIN, doyen de la Fac. des lettres de Rennes.

DEPREZ, professeur à la Fac. des lettres de Rennes.

MM.

RAMAIN, professeur à la Faculté des lettres de Montpellier.

G. MATHIEU, chargé de cours à la Fac. des lettres de Nancy.

DESROUSSEAUX, député de la Seine, directeur d'études.

P. MAZON, suppléant de M. Desrousseaux.

BOURGUET, suppléant de M. Desrousseaux.

P. JOUGUET, directeur d'études.

LEBÈGUE, directeur d'études.

PSICHARI, directeur d'études.

HAUSSOULLIER, directeur d'études.

CHATELAIN, directeur d'études.

MAROUZEAU, directeur d'études.

FARAL, directeur d'études.

ZEILLER, directeur d'études.

THÉVENIN, directeur d'études.

BÉMONT, directeur d'études.

BÉMONT (Mme).

LOT, directeur d'études.

LOT (Mme).

POÈTE, directeur d'études.

LANDRY, député, directeur d'études.

SIMIAND, suppléant de M. Landry.

PASQUET, suppléant de M. Landry.

PASQUET (Mme).

BESNIER, suppléant de M. Victor Bérard.

CHAPOT, suppléant de M. Victor Bérard.

MEILLET, directeur d'études.

Jules BLOCH, directeur d'études.

Paul PASSY, directeur d'études.

SAROÏHANDY, suppléant de M. Passy.

A. THOMAS, directeur d'études.

Mario ROQUES, directeur d'études.

Mario ROQUES (Mme).

JEANROY, directeur d'études.

Abel LEFRANC, directeur d'études.

BACOT, suppléant de M. Sylvain Lévi.

WILLMAN-GRABOWSKA (Mme de), suppléante de M. Finot.

WILLMAN-GRABOWSKA (Mlle de)

MAYER LAMBERT, directeur d'études.

Adrien BARTHÉLEMY, directeur d'études.

William MARÇAIS, directeur d'études.

MM.

W. Marçais (Mme).
Marcel Cohen, directeur d'études.
Scheil, directeur d'études.
Alex. Moret, directeur d'études.
Sottas, directeur d'études.
Isidore Lévy, directeur d'études.
Is. Lévy (Mme).
Pierre de Nolhac, conservateur du Musée Jacquemart-André.
Henri Maspero, professeur au Collège de France.
Arthur Giry (Mme).
Robert Gauthiot (Mme).
A. de Bouard, des Archives Nationales.
Courteault, des Archives Nationales.
Léon Gauthier, des Archives Nationales.
Marichal, des Archives Nationales.
Martin-Chabot, des Archives Nationales.
Léon Mirot, des Archives Nationales.
Auvray, de la Bibliothèque Nationale.
Couderc, de la Bibliothèque Nationale.
Ph. Lauer, de la Bibliothèque Nationale.
Ch. Beaulieux, de la Bibliothèque de l'Université.
Maurice Bernard, de la Bibliothèque de l'Université.
Germaine Rouillard (Mlle), de la Bibliothèque de l'Université.
Jean Bonnerot, de la Bibliothèque de l'Université.

MM.

J. Bonnerot (Mme).
Bouteron, de la Bibliothèque de l'Institut.
A. Boinet, de la Bibliothèque Sainte-Geneviève.
Edmond-Maurice Lévy, de la Bibliothèque des Arts et Métiers.
G. Bénédite, du Musée du Louvre.
Charles Boreux, du Musée du Louvre.
Mazerolle, de la Monnaie.
L'abbé Pichard, professeur à l'Institut catholique.
L'abbé Roland-Gosselin, professeur à l'Institut catholique.
Canet, ancien membre de l'École française de Rome.
Pocquet du Haut-Jussé, ancien membre de l'École française de Rome.
Préchac, professeur au lycée de Versailles.
Léopold Sudre, professeur honoraire de l'Université.
Georges Bailhache, de l'École militaire de Saint-Cyr.
Émile Poisson, de l'École militaire de Saint-Cyr.
Le représentant de l'Agence Havas.
Le représentant du *Journal des Débats*.
Le représentant du *Figaro*.
Le représentant du *Temps*.
Le représentant de *l'Echo de Paris*.

Parmi les élèves diplômés

L'abbé Arquillière, professeur à l'Institut catholique.
Oscar Bloch, professeur au lycée Buffon.
Marguérite Bondois (Mlle).
L'abbé Carrière, directeur de la Revue d'histoire ecclésiastique.
Louis Chatelain, sous-directeur des antiquités du Maroc.
L'abbé Constant, ancien membre de l'École française de Rome.
Eugénie Droz (Mlle).
Suzanne Karpelès (Mlle).
Louis Laporte.
Jean Marx.
L'abbé Netzer.
Émile Picarda.

Parmi les élèves ou anciens élèves

MM.

ALICOT (Pierre).
ALTHOUSE.
ANTOINE (Henri).
AUBERT (Marcel).
BARBELENET (Daniel).
BENVENISTE (Émile).
BERCELOT.
BERTHELOT (Pierre).
BJÖRKBOM (Carl).
BLÉRY (Albert).
BOREL (Pierre).
CAPITAINE (Alexandre).
CASANOVA (Joseph), avec Mme CASANOVA.
COHN (Adolphe).
DOSSIOS (Nicolas).
DRIOTON (l'abbé Etienne).
DUNAND (Maurice).
DUSART, professeur à l'École Alsacienne.
FAZY, archiviste de l'Allier.
FAY avec Mme FAY.
FÉVRIER (James).
GRAT (Félix).
HARRIE (Ivar).
HATT.
HEMMER (l'abbé), curé de Saint-Mandé.
JAULME (André).
JOUON DES LONGRAIS (Frédéric).
LAVILLE (André).
LEBÈGUE (Raymond).
LE BRAS (Gabriel).
LECERF (Jean).
LEFEUVE (Pierre).
LEMAÎTRE.
LESOURD (Paul), archiviste paléographe.
LÉVY (Pierre).
LÉVY-BRUHL (Henri) avec Mme LÉVY-BRUHL.
LYON (Ernest).
MARCHAND (Ludovic).
MARIÈS (l'abbé Louis).

MM.

MAUGE (Charles).
MELANDER (Johan).
Chanoine MEUNIER.
MICHAELSSON (Karl).
OTT (Georges).
PANGE (J. de).
RECOURA (Georges).
RUFER (Alfred), de Berne.
SOMMERFELT (Alf.).
STERN (Philippe).
TAILLADE (Ernest).
TANQUEREL.
THIBAULT (Fabien).
TRIANTAPHYLLIDÈS (Grégoire).
TRUC (Gonzague).
VIAU (Jean).
VIELLEDENT (Albert).
VILLEMEUREUIL (Adrien de)
VREEDE.
ZIRMEL (Albert).

Mlles

ARRIVOT (Marie-Louise).
ASSARSSON (Sonja).
BURGAZ (Hélène).
CHARTROU (Josèphe).
CROISSANT (Adrienne).
DANCOV (Viorica).
DESBOUIS (Marguerite).
FRETÉ (Anne).
HARTMANN (Fernande).
LALOU (Marcelle).
LAVOREL (Jeanne).
LECOURT-LARMÉE (Élisabeth).
LEVESQUE (Geneviève).
LOUIS (Gabrielle).
MURAT (Amélie).
ODEND'HAL (Gabrielle).
RENIÉ (Colette).
ROUX (Lucie).

<table>
<tr><td>MM^{lles}</td><td>MM^{es}</td></tr>
</table>

MM^{lles}	MM^{es}
Sjöstedt (Marie-Louise).	Burnay-Senègre (de).
Withers (Virginia Reese).	Rojdestvinsky.

Empêchés au dernier moment, après avoir envoyé leur adhésion:
MM. Léon Bourgeois, président du Sénat ; Autrand, préfet de la
Seine ; Herriot, député du Rhône ; Larnaude, doyen de la Faculté
de Droit ; Mgr Lesne, de Lille ; M. l'abbé Labourt, directeur du
Collège Stanislas ; M. Loth, membre de l'Institut ; M. Joseph Bédier,
de l'Académie française ; M. Pierre Champion, maire de Nogent ;
M. E.-G. Ledos, M. Julien Cain, Mme Denise Le Lasseur, chargée de
mission archéologique en Syrie.

Des articles sur le Cinquantenaire ont été publiés par MM. Léon
Dunand (*La Tribune de Genève*, 1er décembre 1921), H. Meylan-
Faure (*Gazette de Lausanne*, 1er décembre), Paul Peltier (*Comœdia*,
2 décembre), A. Meillet (*La Revue de France*, 15 janvier 1922,
p. 429-434), Émile Chatelain (*Revue intern. de l'Enseignement*, n° de
mars-avril) ; anonymes dans *Excelsior* (2 décembre), le *Figaro*
(2 décembre), la *République* (2 décembre), le *Temps* (3 décembre).

MACON, PROTAT FRÈRES, IMPRIMEURS.